グローバル・ベーシック・インカム入門

世界を変える「ひとりだち」と「ささえあい」の仕組み

著・訳 岡野内 正

著
クラウディア・ハーマン
ディルク・ハーマン
ヘルベルト・ヤウフ
ヒルマ・シンドンドラ＝モテ
ニコリ・ナットラス
イングリッド・ヴァン・ニーケルク
マイケル・サムソン

Making the Difference!
The BIG in Namibia
Basic Income Grant Pilot Project
Assessment Report, April 2009

明石書店

Making the Difference! The BIG in Namibia

Basic Income Grant Pilot Project Assessment Report, April 2009

by Claudia Haarmann, Dirk Haarmann,

Herbert Jauch, Hilma Shindondola-Mote, Nicoli Nattrass,

Ingrid van Niekerk and Michael Samson,

グローバル・ベーシック・インカム入門
——世界を変える「ひとりだち」と「ささえあい」の仕組み

● 目次

第1部　世界を変える！　ナミビアのベーシック・インカム
ベーシック・インカム給付試験実施プロジェクト評価報告書〈2009年4月〉

2 パンを保証された村人は何をして、村はどうなったか？ ——影響評価 58

第2部 学生たちと訪ねたベーシック・インカムの現場

ナミビア、ブラジル、インド、アラスカ、イラン

はじめに――この本の成り立ちとねらい

ベーシック・インカムとの出会い

筆者とベーシック・インカムとの出会いは、２００９年の初頭だった。研究室の椅子に腰かけ、お茶をすすりながら、いつもざっと目を通すことにしている勤務先の研究所の雑誌をパラパラとめくっていた。成瀬龍夫氏の小論が目に入った（成瀬龍夫「経営者の立場からの基本所得の構想――ゲッツ・W・ヴェルナー著、渡辺一男訳、小沢修司解題『ベーシック・インカム――基本所得のある社会へ』を読む」『大原社会問題研究所雑誌』６０１号、２００８年、63〜69頁）。次のようなことが書いてあった。

ドイツの大富豪、ＥＵ全域に支店網をもつドラッグストアの経営者がおもしろいことを言っている。彼は本を書いていて、それがドイツで評判になっており、日本でもその翻訳が出た。

彼によれば、全国民に失業手当を出せばいいというのだ。コンピューター、ＩＴ技術の発展で人がいらなくなった。グローバル化で工場やオフィスはどんどん国外へ。従業員を減らせない企業は、消えるしかない。だから、これからも失業は、なくならない。むしろ、増える。とすれば、再就職を前提とした失業手当という制度は、無意味だ。できもしない失業解消のための国家予算はすでに膨大で、企業も失業手当のために多額の出費を強いられている。そんな制度はやめて、技術進歩の成果をみんなで楽しめばいい。失業していない国民も含めて、全国民に、失業手当分のお金を無条件に渡せばいい。そうなると、もはやだれも失業を心配しない。食べていくためのお金に煩わされなくなる。人生の貴重な時間を費やして、自分が必要とされない企業にしがみつく必要はない。自分の人生の可能性を試せるようになる。つまり、人は自由になる。そして企業も自由になる。もはや従業員の生活の心配をせずに、自由に解雇し、新しい事業を次々に展開できる。失業関連の国家予算をこれに一本化し、消費税を引き上げて財源とすれば、十分に可能だ。失業手当額は消費税を考慮したものになるので、消費税引き上げの税負担は、高額商品を購入する富裕層となる。起業を奨励するために法人税はゼロにする。

「はっはっは。社長さん、たしかにおもしろすぎ！　でも、財政も政治も経済も、そう簡単なものじゃないんだよな」と思わず声を出して笑ってしまう。成瀬氏も、懐疑的だ。この提案があいまいで検討を要する点として、法人税ゼロ・消費税中心の税制改革で財源確保が可能か、保育・教育・保健医療・介護などの現物サービス提供をどうするかを挙げる。さらに失業を当たり前として国家予算の組み替えを迫るこの提案が、就労を当たり前として「ゆりかごから墓場まで」の家族内の扶養・被扶養の関係に応じて、各種社会保険や年金を設計し、きめ細かく整備されてきた社会保障制度を投げ捨てるものだと指摘する。もれなく失業手当をもらって、市民としての基本所得と称して、自由になったつもりでも、傷病・育児・介護などのいろいろなリスクに自己責任で対応できるかは疑問だ、と。

歴史的正義回復と新しい部族

そのときは笑い飛ばしたものの、何か引っかかるものがあったのだろう。

当時私は、パレスチナ問題の論文を書いていた。1948年のイスラエル建国と戦争、戦火を逃れて故郷を後にし、そのまま帰郷を許されないパレスチナ難民を生み出した中東のパレスチナ問題を解決するためには、第二次世界大戦後の強制収容所を生き延びたユダヤ難民の東欧にある故郷への帰還権保障、財産返還問題の解決が不可欠だという内容だ（岡野内正「パレスチナ問題を解く鍵としてのホロコースト〈ショア〉とナクバに関する正義回復〈リドレス〉」上・中・下『アジア・アフリカ研究』48巻3号、2008年、16〜30頁／48巻4号、2008年、2〜13頁、64頁／49巻2号、2009年、55〜84頁）。

ソ連とその影響下にあった東欧諸国政府は、ナチス支配の強制収容所から解放されてもとの住居に帰郷しようとしたユダヤ系住民の財産返還に応ぜず、むしろ社会主義化と称してナチスが接収したものをそのまま受け継ぎ、横取りした。ソ連東欧社会主義崩壊後も、本格的な返還はまだだ。つまり、イスラエルに住む東欧出身のユダヤ系住民にとって、自分を故郷と財産から切り離したナチスの暴力は終わっていない。パレスチナ住民の一部の暴力に対するイスラエル政府の過剰反応的な暴力が、「防衛」としてまかり通る原因は、そんなところにあるのではないか。中東での暴力の連鎖を過去に向かっていねいにたどっていくと、ヨーロッパでの暴力と略奪の歴史が見える。そこから解決していかなければ、中東の問題は解けない。

筆者はレバノンのパレスチナ難民キャンプやイスラエル軍占領地のパレスチナを何度も訪れた。パレスチナ人とともに過酷な日常生活を送るうちに、自爆攻撃を含むイスラエルに対する暴力の衝動に共感してしまう自分を見いだした。そんな自分の感性をいとおしく思うとともに、理論家としての自分の無力さと、解くべき課題の重さとに身震いしながら人類史の暗闇をにらんでいた。

その後、勤務先の大学からの在外研究でニュージーランドに1年間滞在した。パレスチナ問題を解く展望を人類の歴史全体のなかでじっくり考えたいと思った。パレスチナから亡命した気分だった。先住民族マオリと欧米系入植者たちとの関係も何かのヒントになるかと思い、滞在中は、マオリ関係の学会、研究会などに顔を出し、若干の調査もして、帰国直前に論文にまとめた（岡野内正「植民地化不正義審判所の可能性——最近の先住民研究に触発されての一試論」『アジア・アフリカ研究』３８２号、２００６年、２~37頁）。後のパレスチナ論文につながる希望の光が見えてきた。

ニュージーランドでは、１８４０年にさかのぼって、かつての大英帝国が先住民族マオリの諸部族から暴力的に取り上げた財産の返還や補償が、部族単位で行われている。先住民族マオリと少しでも親族のつながりのある人（養子や配偶者でもよく、記録がないので証拠書類もいらない）は、部族に登録（母方と父方で異なれば複数登録も可）し、返還された部族財産や補償金の共有者となることができる。１９８５年に成立した法律にしたがって、今でも１５０年以上前にさかのぼる歴史的不正義について部族単位で公聴会や調査、補償が行われているのだ。マオリの側では、独立論もあることはあるが、むしろ返還された財産をどう使うかをめぐり、部族単位での直接民主主義を発展させていくことが中心課題となっているように見えた。広範囲の地域では、物理的に日常生活を共にできないため、不可避的に軍隊的な組織と指導者を生み出してしまう。そうした地域住民をカバーするナショナリズムに基づく民族解放の時代は終わった。ニュージーランドで筆者は、部族どうしが故郷の地の体育館で、直接顔を合わせて議論する光景を見た。民族（ネイション）という「想像の共同体」ではなく、マオリの人たちのように歴史的正義回復を契機に再結成された新しい部族のつながりこそが、グローバル化時代に暴力を乗り越え、民主主義を再生する道を示しているように思えた（岡野内正「〈民族〉を超える〈部族〉――『暴力の文化』を克服する公共圏の創出」佐藤成基編『ナショナリズムとトランスナショナリズム』法政大学出版局、２００９年、も参照）。

全世界でやれば？

このような歴史的正義回復とナショナリズムを超える新しい部族の視点で、パレスチナ問題に挑む論文を書き上げた。まずはヨーロッパが全体として動いて（もちろん国連も）国際会議をやり、ナチスのユダヤ系住民に対する暴力と略奪の後始末をやる。特に土地や建物のような財産を返還し、帰還する権利をヨーロッパ各地のユダヤ系住民につながる子孫たちに対して保障すれば、イスラエルから東欧諸国への移住の波が起こるかもしれない。イスラエルのユダヤ系住民がすべてパレスチナを民族の故郷とするシオニズムを信奉しているわけではなく、軍事国家化したイスラエルにうんざりしているユダヤ系住民も多い。東欧出身のイスラエル人の間では、出身地訪問がはやっていることもすでに何度かのイスラエルのユダヤ系住民調査から確認済みだった。

しかしこんな提案をしてみたところで、難民キャンプや占領地のパレスチナ人には悠長すぎる話だなあ、とにかく勤め口がないし、耕す土地もないし、出稼ぎの仕送りでなんとか成り立っていて、そんな生活の苦しさが金回りのいい暴力的組織の土壌にもなっているし、とそこまで考えたところで、ひらめいた。

あれだ。全員に失業手当。市民の基礎所得。ベーシック・インカム。ドイツなんかより、まずパレスチナでやればいい。アフガニスタン、スーダンでも。いや、全世界でやればいいではないか。全世界で見れば、不慮のリスクに備える社会保障制度がないのはもちろん、日々の生活そのものが生存のリスクになっている地域の人々の方が多いのだ。

それは平和をもたらす「お金爆弾」になる。私の脳裏には、地雷で足を失ったアフガニスタン難民が集まる草原の医療キャンプに、飛行機から落下傘をつけたたくさんの義足がひらひらと落とされるイラン映画（モホセン・マフマルバフ監督『カンダハール』２００１年）の結末がよぎった。あれにお金をつければいい。ピンポイント爆弾を落とすアメリカ軍の技術と装備を使えば、アフガニスタン全土の村に毎月1回現金を届けるお金のじゅうたん爆撃だってできる。

パレスチナ論文の前に、アメリカ核兵器産業を分析した本の翻訳（ヘレン・カルディコット著、岡野内正・ミグリアーチ慶子訳『狂気の核武装大国アメリカ』集英社新書、２００８年）を出したところだった。巨額のアメリカの軍事費を使えば、とりあえず全世界の紛争地帯にもれなくベーシック・インカムを保障し、生活のために軍隊組織に加わる人を離脱させる経済力があることは、直感的に確信がもてた。

しかもこれは、お金のバラマキだが、物乞いに対するバラマキではない。アメリカを先頭にする先進国に集まった技術も資本も、もとはといえば、奴隷貿易の時代から、世界の技術と資源がヨーロッパに集められ、それが二度の大戦を通じて戦火を免れたアメリカに集められたというだけのものだ。つまり先住民も奴隷も含む全人類が共同で作り上げてきた全人類の遺産だ。毎日の食事にも事欠くような激しい貧困が残る紛争地帯は、かつて帝国主義的列強諸国によって暴力的に植民地にされた地域だけだ。こちらには人類史のなかの暴力と歴史的不正義の負の遺産だけが集中している。ニュージーランドで行われたような歴史的正義回復は、パレスチナだけでなく全世界規模で行われねばならぬ。そのために、何よりもまず、全人類の遺産のなかから、全人類の生存を保障するお金が支出されねばならない。被害者も加害者も、その子孫も含めて、全人類の生存が保障されねば、歴史的正義回復の手順を進めることもできない。グローバルなベーシック・インカムはそれじたいが、歴史的正義回復の第一歩なのだ（岡野内正「人類史の流れを変える――グローバル・ベーシック・インカムと歴史的不正義」田中優子ほか編『そろそろ「社会運動」の話をしよう』明石書店、２０１４年、第９章、も参照）。

もう始まっている！

自分で自分のアイデアに興奮した。研究室につくとすぐにくだんの雑誌を取り出し、関連文献の収集を始めた。ベーシック・インカム関係の文献はかなりある。しかし、全世界で、とりわけ紛争地帯をターゲットに、という発想はみられない。むむ、これはノーベル賞級の大発明、と思いながら、インターネットを検索すれば、さすがに世界は広い。オランダとカナダに全人類規模のベーシック・インカムをやろう、という先駆的提唱者がいる。しかし同時に、世界のベーシック・インカム研究者の間でも、グローバルな実現可能性を探っている人は少ないこともわかってきた。欧米それに日本のベーシック・インカム研究者や運動家は、自国でそれを実現することに集中している。

さらに驚くべきこともわかってきた。ナミビアとブラジルですでに村レベルの実験が始まっているというのだ。すでに１９７０年代からアメリカやカナダの都市で、労働意欲への影響を調べる貧困世帯のみを対象にした無条件の現金移転実験は行われていた（さしあたり Pasma, Chandra, *Basic Income Programs and Pilots*, Basic Income Canada Network, 2014〈www.biencanada.ca〉を参照）。おおむね悪影響はないという結果となったようだが、あちこちの貧困世帯のみを対象とした個人（せいぜい家族）レベルの実験と、コミュニティレベルの実験とは、わけが違う。筆者にとって、ベーシック・インカムのおもしろさは、貧乏人だけではなく、社会を構成する全員が無条件に最低生活保障レベルの現金を定期的に入手できるようになることで、ひとりひとりが自由になれることだ。「食っていくためにしかたなくやっている」仕事――それは軍隊に入ることかもしれないし、公害企業で働くこと、あるいはほとほといやになったダンナと暮らす主婦業かもしれない――をやめて、じっくり自分の人生を生かす仕事を探せる。近所のみんながそうであれば、一緒におもしろいことを始められるかもしれない。人間は社会的動物なのだ。

ナミビアといえば、あからさまな人種差別を法制化したアパルトヘイト体制をとる南アフリカ共和国が、国連の勧告にもかかわらず、ずっと占領して植民地経営を続け、アパルトヘイト体制が崩壊した1990年にようやく独立した国。第一次世界大戦以前は、「ドイツ領南西アフリカ」にされる過程でナチスのホロコーストの先駆ともいわれる先住民大虐殺を経験している。筆者のようにアパルトヘイト反対運動に少しでもかかわったことがある者にとっては、長い植民地支配の悲劇と受難の象徴の一つだ。

そしてブラジル。ラテンアメリカのたいていの地域と同じく、19世紀の初めには植民地宗主国ポルトガルから独立するが、暴力と略奪によって大地主や大資本家となった入植者とその子孫の経済支配は今日まで続き、絶望的な生活を送る膨大な数の貧民層と、富裕層との間の格差が有名な国だ。

しかし調べていくうちに、ナミビアでもブラジルでも、実験を進めているのは運動団体であって、政府ではないことがわかってきた。どちらも村落レベルの実験だが、村民に配布するお金はすべて運動団体の募金によってまかなわれているという。それだけの募金を集めるだけの運動の広がりがあることじたい、驚くべきことだ（ナミビアについては、BIG Coalition Namibia のサイト〈http://bignam.org/〉、ブラジルについては、Recivitas のサイト〈http://www.recivitas.org/〉を参照）。

さらにどちらの国の場合も、ベーシック・インカム導入を検討しながら、実行に踏み切れないでいる政府を、あと一押しするための実験であることがわかってきた。ナミビアでは政府の税制改革委員会が提案し、ブラジルではすでに２００４年に「将来におけるベーシック・インカム導入」を明記した法律が成立していた。ナミビアでは、従来型の開発プロジェクト投資による雇用創出を支持するＩＭＦのような国際機関専門家の発言とともに、大統領がバラマキ政策は国民を怠惰にするとして待ったをかけた。ブラジルでは、国会議員たちが従来型の開発プロジェクト投資の優先順位を下げることなく、すでに導入されてかなりの成果をあげていた条件付き現金移転政策（子どもを通学させることなどを条件に貧困層のみを対象とする現金給付政策であり、貧困層の認定と手続きの煩雑さが難点）を拡充継続する政策を取り続けてベーシック・インカム導入を先延ばしにするうちに、バラマキ政策は国民を怠惰にする、という議論が再燃していた。

ナミビアとブラジルのベーシック・インカム実験は、毎月1回、お金のバラマキを受けることで、人間は怠惰になるのかどうか、この点をめぐって行われたのだ。先述のように、すでにアメリカやカナダの貧困世帯のみを対象とする実験で必ずしも怠惰にならないという結果が出ているのだが、密造酒酒場の国ナミビアとサンバの国ブラジルのエリートたちは、自国の貧民たちが信じられなかったようだ。実際、公民権運動が盛り上がった１９６０年代のアメリカで、黒人指導者のキング牧師から新自由主義経済学者のフリードマンまでを含む経済学者のほとんどがベーシック・インカムを支持して盛り上がった。その導入の動きが挫折した要因の一つは、「子どもばかり産んでる黒人女に金をやるのか」という人種差別意識だったといわれている（山森亮『ベーシック・インカム入門――無条件給付の基本所得を考える』光文社新書、２００９年／本田浩邦「戦後アメリカにおける普遍的所得保障――〈負の所得税〉不成立の経緯」『アメリカ経済史研究』11号、２０１２年、43～57頁）。

実験の結果、何もせずにゴロゴロして降ってくるお金を待つだけの人、刹那的な消費、酒やギャンブルに溺れる人が続出するとすれば、ベーシック・インカムなどというアイデアは、机上の空論として二度と真剣に検討されることはなくなるだろう。

逆に、まず栄養と休養によって健康を回復し、次にばらまかれたお金を賢く使って、種子や苗、家畜、道具、原料などを仕入れ、地元の事情に応じた小さな経済活動をする人が続出し、さらに体力と経済力を回復して自由時間を得ることによって市民としての自信と尊厳を回復し、村落のコミュニティとしての再生に取り組む人が続出したらどうだろう。

旧植民地地域におけるベーシック・インカム導入のグローバルな意味

進行中の実験によって、ベーシック・インカムが人々を自由な経済的主体として、さらに市民的主体として活性化することが確証されれば、それは世界の注目を集める。ナミビアとブラジルだけでなく、アフリカやラテンアメリカ、さらにアジアでも、導入を求める運動は高まりを見せるだろう。ナミビアやブラジルのように、植民地時代の入植者の子孫が輸出向けの鉱工業や大規模農業を築いている国では、ほとんどの「先進国」と同様に、それぞれの政府が自力でベーシック・インカムの財源を捻出できる。つまり国家財政の側でその気になって、国民全員の必要最低限の所得総額分を税として吸収したとしても、なお企業や資産家のために利潤や利子や地代、そして賃金労働者のために必要最低限以上分の賃金となる所得部分が残されて余りある。そんな国民総所得をもつ国民経済となっている。

しかし多くの「途上国」は、植民地時代以来の「開発」の結果、国民経済は破たんし、ベーシック・インカムの財源を捻出できない。「援助」によってかろうじて国家が存続している国も多い。「破たん国家」として紛争地域をかかえる国も少なくない。

そのような国々も含めて、旧植民地地域の全体にベーシック・インカム導入の運動が広がれば、それは、新しい「援助」による「開発」を求める運動になるだろう。それはもはや援助ではなく、植民地化される過程での暴力と略奪に対する歴史的正義回復の第一歩として位置づけられるようになるかもしれない。

美しすぎる話？

そんな遠大な展望をもち、さらに調べていくうちに、インターネットでナミビア実験の評価報告書を見つけた。ざっと読んで驚いた。筆者が期待したようなベーシック・インカムの活性化効果が、見事に出ている。健康の回復、地元経済の活性化、コミュニティの活性化が詳細に、描かれている。

うーん、すごい。しかし、美しすぎる。これはとにかく、行くしかない。この目で確かめねば。そう決意して、チリで行われた政治学の国際学会、ブラジルで行われたベーシック・インカム研究の国際学会などに出席し、ナミビアやブラジルの報告を聞き、実験を実施する運動体の当事者と知り合いになり、現地訪問の許可をもらった。

そのころには、私の研究の柱もベーシック・インカムとなり、ゼミもそうなってきた。ゼミ学生を中心に、ナミビア実験の現地を見たいというチームができた。ナミビアに先駆けてベーシック・インカム導入運動が大きく燃え上がり、アパルトヘイト反対運動でノーベル平和賞を受賞した南部アフリカ聖公会のツツ大主教や労働組合も支持して、アパルトヘイト後の新政府で導入寸前までいった南アフリカ事情に詳しいアジア経済研究所の牧野久美子さんのお話を聞きに行った（牧野久美子「南アフリカにおけるベーシック・インカム論」『海外社会保障研究』１５７号、２００６年、38～47頁、同「『南』のベーシック・

インカム論の可能性」『現代思想』35巻11号、2007年、156〜165頁、など参照）。チームで分担して、ナミビア実験の評価報告書を翻訳した。本書の第1部に収録したのが、その改訳版である。

ナミビア現地の美しさは、報告書以上だった。というよりも、われわれの想像をはるかに超えて、現地の生活は絶望的だった。実験地に選ばれた「一般的」とされる村は、村というよりも、ホームレス家族の宿営地だった。なぜか。家、というよりはバラックが立ち並ぶだけの「村」とアフリカの広大なサバンナとの間は、きちんと張られた鉄条網の柵で区切られている。その柵は、村人を外敵から守るのではなく、村人からサバンナを、白人大地主が所有し、欧米からのハンターや観光客に提供される野生動物の狩猟場を守るためのものだ。ドイツ軍による大虐殺と植民地化によって土地を奪われてほぼ100年。土地から切り離されて、不安定な雇い口を求めてさまよい歩く生活には何の変化もない。それでも、独立後の新政府は、大地主の土地のわずかなすきまの国有地に住み着くことを許し、小学校と診療所をつくった。こうして、あちこちに失業者のたまり場のような「村」ができた。都市からは100キロ以上離れ、公共交通アクセスのない農村地帯（というよりは狩猟・牧畜のための草原地帯）にはあるが、だれも周囲の広大な土地に出入りできない。高齢者と子どもだけが村に残り、成人男女は移動労働者としてナミビア全土に出稼ぎに行く。そうやって稼いだ現金とそれで購入した生活物資をもち帰り、家族が食いつないでいる。

つまり、人々は、わずかの現金で食いつなぎ、生き延びていくプロだ。狩猟、牧畜、農業など先祖代々の生業の土地から切り離されて100年になるので、先代、先々代まで含めた雇われ仕事の経験は豊富で、どこで何を買えば安いかも知悉《ちしつ》している。

だからこそ、定期的で確実な現金のバラマキは、村人にとっては、生存戦略をグレイドアップするうえでの絶好のチャンスだったのだ。繰り返していうが、村人の絶望的な状態はまったく変わらない。

絶望のなかで希望をつかんだ人は、美しく輝く。だが自分だけが助かるかも、という希望をもっても、人の前では輝けない。しかしあの村では、村人すべてが希望をつかんだのだ。だから、あの絶望的な状態にもかかわらず、村人全体に不思議な活気に満ちた美しさがあふれてくる。それは、翌年訪れたブラジルでも、そして数年後に訪れたインドでも同じだった。ベーシック・インカムは、村人全体を輝かせる。たとえ期間限定の実験プロジェクトであってもそうだ。

詳しくは、本書第2部に収録した筆者の訪問記をごらんいただきたい。

インドでベーシック・インカム導入運動が高まる意義

ナミビアでも、ブラジルでも、社会実験を行った運動団体の人々が予想していた以上に、ベーシック・インカム導入を阻む壁は厚かった。筆者は、現地調査からも、また先述のようにパレスチナ問題や先住民族問題などを通じて直面させられた、人類史における過去の暴力と略奪の遺産処理の研究から、ベーシック・インカム導入がもつ人類史的な意義と、それゆえの困難を確信した。そこで、次のような主旨の論文を書いた（岡野内正「地球人手当〈グローバル・ベーシック・インカム〉実現の道筋について――飢餓と貧困の根絶から始める非暴力世界革命の展望」『アジア・アフリカ研究』52巻3号、2012年、1～15頁）。

ベーシック・インカムが経済的に自立した個人を創り出すということは、①近代資本主義社会が生み出した賃金労働に依存する社会階級である賃金労働者階級を消滅させるものであり、②男性の稼ぎ手に家族成員が経済的に依存する家父長的家族を消滅させるものであり、さらに国家を超える国際機関によってグローバルなベーシック・インカムが導入される場合には、③国民ひとりひとりの生活が国家に依存し、一層の依存を求めるために発生する強烈な国家主義やナショナリズムを消滅させる。また、賃金労働に伴う社会病理として、①経済的従属関係ゆえの人格形成の歪み、②労働時間延長や労働強化ゆえの公共の場での意思疎通（公共圏）の衰退、③経済的従属関係ゆえの環境配慮の後退、といった問題があるが、それらも賃金労働依存からの脱却とともに解消への道が開ける。だが、このように階級、ジェンダー、国民国家という近代社会を構成する三つの差別を解消させる革命的性格をもつゆえに、ベーシック・インカム導入には、現在の支配階級（資本家や地主）、支配ジェンダー（家父長的な男性や女性）、支配国家（アメリカとその他先進国、そして各国の官僚たち）の強力な抵抗を受けるだろう、と。

インド実験大成功の報告を聞いたのは、筆者がそんな報告をしたドイツで開催されたベーシック・インカム研究の国際学会だった。大会場のスクリーンに写し出されたビデオの村人の表情には、ナミビア、ブラジルの実験村と同じような、絶望のなかで光る希望の美しさがあった。会場は、インド実験を、医薬品の治験と同様な手順で対照群を設定する厳密な社会実験として設計したロンドン大学のスタンディング氏を筆頭に、感動の涙で濡れた。壇上には、さらに現地での実験の実施主体となった女性だけのための労働組合の女性指導者、現地事務局の女性、そして実験村の一つとなったカーストで最下層とされる先住民族の女性活動家がいた。全員発言したのだが、最後に登場したのが英語ではない言葉を話す現地女性活動家だった。会場は、彼女の発言のあけっぴろげな優しさと、希望に満ちた恐ろしいほどの迫力と力強さのこもる語調に呑まれた。後でわかったことだが、彼女自身もあの山奥の村で、林に分け入り、木に登ってタバコを巻くための木の葉を採集する自営労働者であり、政府の公定価格をごまかして不当に安く買い上げる仲介業者や役人たちとの闘いを通じて、木の葉採集の村の女性たちを労働組合に組織してきた活動家だった。

そんな実験村の当事者の活動家をドイツまで連れてくるようなすごい労働組合（自営労働者組合）がベーシック・インカム導入運動を推進すればどうなるだろう。ガンジーの系譜を引くその労働組合SEWAは、街頭の物売り、内職、土木作業の日雇い、巻きタバコ用木の葉採集業など、被雇用者と自営業の境目にあるような仕事をする女性たちを、すべて女性だけの労働組合として組織して急成長し、今ではインド全体で100万人以上の組合員をもち、ナショナルセンターとしても認定されているという。当事者主体で、法律に書かれた労働者や女性の権利を実際に守ることを要求するデモなどを頻繁に組織し、音楽や演劇グループなども擁して、活気がある。ナミビア実験はキリスト教会、ブラジル実験はNGOが主体だったが、インド実験を進めるこの女性労働組合は、階級差別、ジェンダー差別と闘って100万人を組織してきた百戦錬磨の人々だ。そしてガンジーの民族差別への闘いを受け継ぐ組織だ（SEWAのサイト〈http://www.sewa.org/〉を参照）。

インド実験の資金は、募金ではなく、国連が作った子どものための国際機関であるユニセフが出した。ユニセフは、イギリス政府からそのための資金を得たという。ちなみに、ナミビア実験の募金のほとんどはドイツのルター派キリスト教会が中心になって集めた。そこには、虐殺と植民地化に対するドイツの人々による歴史的正義回復の意味が込められていたと考えていいだろう。インド実験の資金をイギリス政府が提供したことの真意はわからない。しかし、インドとイギリスの歴史に照らせば、歴史的正義回復につながる意味をもつかもしれない。しかも、国連の機関であるユニセフが動き始めたことは、注目に値する。8億の人口を抱えるインドの絶対的貧困人口は膨大だ。人類全体の貧困問題に取り組む国連にとって、インド実験の成功は、ベーシック・インカム導入への大きな動因になるはずだ（インド実験については、Sarath Davala, Renana Jhabvala, Soumya Kapoor Mehta, Guy Standing, *Basic Income: A Transformative Policy for India*, London: Bloomsbury, 2015 を参照）。

アラスカと先住民族の権利

アメリカ合衆国アラスカ州政府が、ベーシック・インカムというにはあまりにも少ない金額だが、それでも無条件で毎年変動する10万円程度（アラスカの物価は日本と大差ない）の一律同額の現金を、全州民ひとりひとりに配分していることは、ベーシック・インカム研究者の間では有名だった。アラスカ州政府は、北極海の油田を採掘する企業が払う税や地代からなる巨額の石油関連収入を積み立てて投資運用し、１９８２年からその投資収益の一定比率を全州民に分配し続けてきたのだ。

その発想は、おもしろい。州の土地は州民みんなの土地だ。だから、州の土地が稼いだお金は、州民みんなのものだ。お金は分割できないものじゃない。だったら、そのお金の使い道は、全州民にお金を分配したうえで、州民ひとりひとりが自分で決めるのが一番いい、と。大きな政府のエリートが上から目線ですべてを決める式の代議制民主主義を真っ向から否定するような、いかにもアメリカ的な草の根民主主義の発想だ。実際、現地の政治学者たちは、この発想を大衆迎合主義（ポピュリズム）だという。もっとも、当時を知る人に話を聞けば、そのお金を巨大開発プロジェクト（巨大ダム建設と輸出用アルミニウム工場建設）に使おうという声もあり、詳細な投資計画まで作られたことがあるという。だが、資本も技術も労働力も、すべて州外に依存せざるをえないという全貌が明らかになったとき、そんなプロジェクトを支持する声は消えたという。

最近になって、アメリカのベーシック・インカム研究者たちが中心となって、このような発想に基づく、全員向けの無条件現金移転を組み込んだ財政政策をアラスカ・モデルとして定式化し、全世界でベーシック・インカムを導入するテコにしようとする動きがある（Widerquist, Karl and Michael W. Howard

(Eds.), *Alaska's Permanent Fund Dividend : Examining its Suitability as a Model*, New York : Palgrave Macmillan,2012, do.,(Eds.), *Exporting the Alaska Model : Adapting the Permanent Fund Dividend for Reform around the World*, New York : Palgrave Macmillan, 2012)。アラスカにならって全員向けの無条件現金移転を含む財政の仕組みが実現すれば、あとは金額を上げていく運動の高まりによって、ベーシック・インカムに移行できるからだ。

筆者は、官僚支配に対抗して市民を活性化させる財政政策としては、この議論を支持する。しかし、先住民族の権利の観点からは、モデルの若干の修正が必要だ、という論文を書いた（岡野内正「先住民族の権利とベーシック・インカムのアラスカ・モデル」『アジア・アフリカ研究』４１３号、1～27頁、２０１４年）。アラスカの事例に即していえば、先住民族は、最初はロシア帝国によって、次にアメリカ合衆国によって暴力的に植民地化され、土地や資源を略奪されてきた。アラスカ州や連邦政府は、石油などの資源のある土地を先住民族から取り上げ、先住民族には、資源のない土地が与えられた。先住民族から見れば、州の石油収入の全州民への配分は、武器をもって自分の家に入り込んできた強盗団が、家の大部分を占領して居座り続け、無理やり部屋割りまで決められて、強盗団といっしょに自分の家を分かち合うことを強いられているようなものだ。そんな強盗団による家の分かち合いを世界に広めるモデルにはできない。次のように修正すべきだ。強盗団が強盗行為に及んだのは、自分たちも強盗にやられ、自分の家を追い出されたからだ。これからの人類は、二度と強盗団が現れないような世界にしなければならない。そのためには、さまざまな過去のいきさつを経て、現在空き家をたくさん並べて独占使用している人々に家を提供させ、すべての人類に、住むべき家を配分する。そんなモデルが必要だ。つまり、歴史的正義回復を展望するグローバルなベーシック・インカムのモデルだ、と。

とはいえ、今のアラスカでそんな動きがあるわけではない。しかし、伝統的生活の基盤である土地と自然を奪われた先住民族の間での失業問題は、とりわけ深刻だ。かつて先住民族のリーダーたちは、油田地帯などを切り取られて先住民族に割り当てられた土地を基盤に、先住民族は地域ごとに株式会社を設立して生活を立て直すという連邦政府の提案を受け入れた。紆余曲折があったが、今では、筆者が会った先住民族のリーダーたちは、その株式会社でビジネスを続けることに自信をもっている。だがグローバル化のもとで、巨大多国籍企業との競争は厳しい。ビジネスの論理だけで、先住民族全員の生活を維持することには無理がある。先住民族の間では、自分たちのことばや文化、そして歴史への誇りを取り戻そうとする動きが進んでいる。アラスカの人々が歴史的正義回復と結び付けてアラスカ・モデルを修正し、ベーシック・インカムを求めていく方向に動き始める日も、そう遠くないかもしれない。

イランと補助金改革

アラスカ・モデルに沿う形で、2010年になって、資源からの収入を、全国民に対してほぼ無条件で、現金移転によって分配し始めた国がある。モンゴルとイランだ。

モンゴルは、「人間開発基金」というすばらしい名前で発足したものの、石炭と銅の資源価格の暴落によって資源収入が激減したことをきっかけに、すぐに廃止されてしまった（現地での聞き取りによる。また、津江篤典「要旨：資源収入再配分の一事例——モンゴル人間開発基金」『龍谷大学大学院経済研究』13号、2013年3月、3〜4頁、参照）。

しかし、石油収入に依拠するイランでは、その後高所得者を除外するという制限はついたものの、継続している。全国的な民衆蜂起によって独裁政権を倒したイランでは、1979年以降の新政権が、国民に対して石油をタダ同然の価格で供給するようになった。国民の土地から出たものは、国民全員で分かち合おうという発想である。

ところがこのような現物での分配には、問題があった。第一に、わずかの石油しか消費しない貧困層に比べて、多くの石油を消費する富裕層がより多くの便益を受けることになり、富裕層に偏った不公平な分配となること。第二に、国民から安く石油を仕入れて、外国に高く売りさばいて差額を稼ぐ密輸業者が暗躍する余地ができること。第三に、安価な石油を無駄遣いする習慣が国民の間に広がり、政府にとっては、市場価格で販売した場合の収益と比較すれば、ロスとなること。第四に、そのような過剰消費による大気汚染など環境問題の深刻化である。

そこで、政府は、現物移転から現金移転への切り替えを行った。国民の石油をそのまま配分するのではなく、まず販売し、そこからの収益を現金で配分しようというわけである。国民ひとりひとりに対して一定額を分配するのであれば、金額的に公平であるだけでなく、現物の場合とは逆に、貧困層にとってはより大きな助けとなる。もちろん密輸業者が跋扈《ばっこ》する余地もなくなり、高価な石油となれば、無駄遣いの習慣もおのずと消えていくだろう。

当初の提案は、富裕層を除外したものであったが、与野党が伯仲する国会論戦のなかで、どこで線を引くかが問題となり、最終的には、独裁的かつ大衆迎合的な政治家として批判されていた当時の大統領の決断で、全国民対象として発足した。

この新政策は、補助金改革と呼ばれる。現物移転による国民優遇のための補助金政策を現金移転に変えることによって、石油流通市場の歪みを是正し、市場原理を貫徹させたものとして、新自由主義的な市場改革を進めるＩＭＦのエコノミストたちからも高く評価された（Dominique M. Guillaume ; Roman Zytek ; Mohammad Reza Farzin, *Iran : The Chronicles of the Subsidy Reform*, IMF Working Paper No. 11/167, July 01, 2011）。ＩＭＦのエコノミストにとっては、無条件の現金移転が貧困層だけでなく、全国民向けとなったことは改革への国民的支持を得るための必要悪であった（だから次の大統領は貧困層のみに限定した）。しかし、筆者を含む世界のベーシック・インカム研究者は、むしろ全国民向けとなったことに注目した。

新自由主義改革は、官僚支配を崩すという意味では民衆のためという外見をもつ。しかし新自由主義改革は、官僚支配に替えて、金持ちと巨大企業を支配者にするものだ。つまり、民衆に敵対する。ところが、官僚支配を崩すための改革で民衆の支持を得るために、金持ちと巨大企業に回るはずのお金が民衆全体にばらまかれていくとすれば、それは民衆にとっては愉快な支配層内部の矛盾である。民衆は、新しい支配者となった金持ちと巨大企業への監視を強め、せっかくつながったそのお金の流れを絶やさず、さらに太い流れにしていくように圧力をかけていくほかない。

イランの石油補助金改革は、国内の安価な石油価格を高騰させ、輸送費、交通費、燃料費値上げを通じて、物価全般を高騰させた。代償として国民が受け取るようになった現金移転の流れは、そんな物価高を補うにさえ足りないように見える。筆者が訪問した都市部での評判もよくない。だが、おそらくは人々がより自給自足的な暮らしを営む農村部では、都市部と同一金額で、ひとりひとりに支給される現金のもつ意味は都市部より大きいかもしれない。

イランの人口は、7700万人を超える。アラスカ70万人、モンゴル280万人と比べれば、イランでこれだけの人々に対して無条件の現金バラマキが行われ、ほぼ定着していることの意義は大きい。それは、イランの石油収入がそれだけ巨額だということでもある。

アラスカとイランについては、本書第2部の訪問記をごらんいただきたい。

この本のねらい

以上、ベーシック・インカムと筆者との出会いから始めて、世界に広がるベーシック・インカム実験と無条件な現金移転の流れと背景、歴史的正義回復と連動するその人類史的な意義を説明してきた。本書のねらいは、もはや明らかだろう。

第一に、ナミビア実験の評価報告書の全訳を提供することで、読者のみなさんに、ベーシック・インカムが、個々人と村落のコミュニティに対してもつ、現実の効果と影響力を、詳細に知っていただきたい。そこには、保育、教育、医療、保健、経営、地域経済、コミュニティ論、社会開発、経済開発、開発援助などのさまざまな分野にわたる興味深い知見が見いだされるはずだ。それは同時に、「先進資本主義」国の都市部の失業者や貧困層へのマイナスイメージに対して、世界の大部分を占める「発展途上国」の慢性的失業者とその家族についてのリアルなイメージをもってもらうことになるだろう。そこから、ベーシック・インカムは、怠け者で、何もしようとしない人間を作り出すだけではないかという、ベーシック・インカムに関する議論で必ず現れる懸念に対して、みなさん自身が、実例に基づいた議論を展開できるようになるだろう。

第二に、筆者がゼミ生たちと現地を訪れた訪問記を提供することで、ベーシック・インカム実験については、ナミビア実験評価報告書にあるようなミクロな効果だけでなく、実験それじたいをとりまくマクロな状況についても知っていただきたい。またアラスカやイランのような無条件現金移転については、歴史的経緯やミクロ、マクロな現状とともに、ベーシック・インカムとの距離やその可能性についても知っていただきたいと思う。それは、みなさん自身が、ベーシック・インカムの財源調達や、政治的な実現可能性について考える有力な手段となるだろう。

第三に、すでにここまでの文章であけすけに示したように、筆者がベーシック・インカムを見る視点はきわめて特異なものだ。筆者は、昨今再び盛んになってきた先進国の失業・貧困対策としてのベーシック・インカムの議論は、国内的な政策選択の問題としてのみ議論されすぎているように思う。福祉国家の破産、失業者に対して国際競争力のある職業訓練を提供するアクティベーションの可能性といった問題がほかならぬグローバル化によって引き起こされたように、今日の社会保障の問題は、先進国の場合でも、もはや純粋な国内問題ではありえない。ベーシック・インカム導入の議論は、グローバルなベーシック・インカムの展望と結び付けられるときにはじめて、移民問題や多国籍企業の規制問題への道が開け、現実的に意味あるものとなると思う（詳しくは、岡野内正『グローバル・ベーシック・インカム構想の射程』法律文化社、２０１６年刊行予定。さらに、グローバルな階級構造の変化と労働問題の視点からベーシック・インカムに接近する、ガイ・スタンディング著、岡野内正監訳『プレカリアートの時代』法律文化社、２０１６年刊行予定、も参照）。

グローバル化した21世紀の現代社会は、テロリストを続々と輩出し、民族対立が煽られ、地球環境危機に直面している。このような今日の人類が直面する人格・公共圏・環境の危機を乗り越え、人類の平和と幸福、ほんとうの「安全保障」を実現する希望を見いだすことは急務だ。今のところ筆者には、グローバルなベーシック・インカムを入り口に、歴史的正義回復に取り組むという方向以外に、その希望が見えない。

もちろん世界広しといえどもこの方向を追及している人は、今のところ私だけのようだ。71億人のなかで、グローバル・ベーシック・インカムの議論がせいぜい10人ほど、歴史的正義回復もさまざまの分野でごく少数だ。本書を読むあなたは、人類史の最先端にいる。いや、最後尾というべきか。このまま先端技術とともに進んでも、人類全体の明るい未来はない。この先は断崖絶壁の闇だ。最後尾の人が率先して、これまで切り捨ててきたものを一つひとつ、ていねいに拾いながら、来た道を戻る。71億人で食料を分かち合う。海空山川を汚し、人を殺し、略奪してきた廃墟と過去の記憶をていねいに掘り起こし、語り合う。ひとりひとりの思いの伝え合いの広さと深さを楽しみ、ともに地球の快復を喜ぶような命の営みのなかに未来を創っていくしかない。本書をきっかけに、読者のみなさん自身が、人類史の根本的な転換に取り組む議論に参加していってほしいと思う。

第1部

世界を変える!
ナミビアのベーシック・インカム

ベーシック・インカム給付試験
実施プロジェクト評価報告書
〈2009年4月〉

著

クラウディア・ハーマン
ディルク・ハーマン
ヘルベルト・ヤウフ
ヒルマ・シンドンドラ＝モテ
ニコリ・ナットラス
イングリッド・ヴァン・ニーケルク
マイケル・サムソン

訳

岡野内　正

訳者から読者のみなさんへ

本報告書は、人口１０００人足らずの村で２００８年１月から２００９年12月までの２年間にわたって行われた、世界初のコミュニティレベルでのベーシック・インカム給付実験の結果を分析したものだ。ただし、本報告書は２００９年４月時点のものであって、２年間の結果の分析ではない。１年と４カ月の時点での中間報告である。しかし、ナミビア・ベーシック・インカム推進連合のサイトでも本報告書が最終報告とされており、残りの期間も含めた報告書は作成されていない。

本報告書に示されているように、この時点ですでに実験の結果は劇的であり、ナミビア・ベーシック・インカム推進連合は、実験村のベーシック・インカムが２年間で終わりにならないように、全国レベルでの導入キャンペーンに全力を注いだものらしい。そのような努力にもかかわらず、大統領がベーシック・インカムに反対し続けたために、２０１５年の大統領引退まで導入に至らず、新大統領のもとでようやく再検討が始まっている。実験村へのベーシック・インカム給付は、２００９年12月以後も、給付額を若干減額して２０１１年12月までに延長され、その後は、募金の集金額に応じて断続的な支払いが行われた。その間の事情については、本書第２部の実験村訪問記を参照されたい。

実験の全体は、ナミビア・ベーシック・インカム給付推進連合（ナミビアのキリスト教会協議会、ナミビア労働組合連合、ナミビアＮＧＯフォーラム、ナミビア・エイズ対策組織ネットワークそして原著にはないが後にナミビア青年団体連合〈ＮＹＣ：National Youth Council of Mamibia〉も加えて5団体で構成）によって行われたが、社会実験としての計画と実施は、ナミビア共和国福音ルーテル派教会の社会開発部（ＤｆｓＤ：Desk for Social Development）と労働資料調査研究所（ＬａＲＲＩ：Labour Resource and Research Institute）とが共同で行ったとされている。報告書の執筆者は著者名として挙げられている7人である。

この第1部に収録したのはその全訳である。ただし、原著の脚注は本文に（ ）で組み込み、拾い読みの便のために原著では本文の欄外にコラムのように抜き書きされている部分は、小見出しとして短縮して訳した。またスペースの関係で原著の写真は一部のみを収録し、見出しやキャプションなど若干変更したものもある。なお原著は、発行元のウェブサイト（www.bignam.org）からもダウンロードできる。

訳者は、法政大学社会学部のゼミ学生を中心とするグループと、２０１０年9月にナミビアを訪問して実験村などを訪れ、ナミビア・ベーシック・インカム給付推進連合の当時の事務局長（Uhuru Dempers）および著者グループの1人（Dirk Haarmann）と面会した際に、翻訳・出版の許可を得た。

訳文は、ナミビア訪問直前に、青木優和、雨宮身佳、伊藤祐、岡野内由芽、小川将平、勝山由梨、篠原朝治、鈴木樹、田中麻衣子、宮坂綾（50音順）の10名で分担して仮訳したものを、雨宮身佳、鈴木樹の両名が改訳し、さらに岡野内が全面的な改訳を行って作成した。

神学的なまえがき

ナミビア共和国福音ルーテル派教会主教　ゼファニア・カミータ博士

２００７年７月、オチベロ・オミタラ村を訪れた私たちに、エミリア・ガリセスという女性が、こう言ったのです。「もう何日も、何も食べるものがないの。何も食べずに、ただ寝ては起きての繰り返しよ」。ベーシック・インカム給付の導入以前のオチベロ・オミタラ村は今日のナミビア人の暮らしの典型でした。信じられないほどの大金持ちの隣にひどく飢えた者がいるのが、日常茶飯事になっているのです。

しかし、オチベロ・オミタラでは何かが劇的に変わってきました。私はこの変化を、新約聖書でイエスが「五千人に食べ物を与えた奇跡（『ルカの福音書』９章、10～17）」にそって考えてみたいのです。イエスは、５つのパンと２匹の魚をすべての者に分け与えたといわれています。しかし、近代的で合理的、経済的な精神をもつ私たちは、５つのパンをそんなに多くの人に分けることなんかできるものか、みんなが十分な量を受け取ることなんかできないよ、と考えてしまいます。ところが、ベーシック・インカム給付の実験にかかわった経験から、私たちは、この奇跡をまったく違ったふうに理解するようになりました。

奇跡とは、分かち合いだったのです！　それは、小さなパンを、大人数で、いっしょにちぎろうとしたときに起こったのです。イエスの分かち合いは、無差別無条件でした。「あなたは貧しそうなので必要。あなたには必要じゃない。あなたは資格があるが、あなたにはない。あなたはこの列に並んで待って。あなたはだめ」などとは言いませんでした。そんなことは言わず、パンを分けるときはすべての人に対して、無条件で、対象者を絞ったりせずに与えたのです。それは、ベーシック・インカム給付の試験実施事業がやったことと同じでした。

すべての人で分け合うということになれば、人々は心を開きます。いいことをする絶好の機会が創り出されるのです。お互いを思いやる共同体が創り出されます。そして人々は、自分のもっているものを与え合うようになったのです。奇跡は、５つのパンを５０００人に分けるという数学的なものではなかったのです。パンをみんなで分かち合おうと言ったときに、人々が心を開き、自分たちがもつものを共有し合うようになったということだったのです。人々は進んでほかの人々のためになることを始めました。だから、人々は以前手にしていたよりも多くのものを手に入れたのです。

このような共同体の感覚によって、人々は共同の所有意識をもち、責任感をもつようになります。まさにハーマヌス・コエッツィーがオチベロ・オミタラでのベーシック・インカム給付の導入後に言ったことと同じです。彼は言いました。

「私の家には多くの人が住んでいます。私たちは28人で暮らしていて、食べ物を買うときはみんなでお金を出し合います。集めたお金は、祖父母に渡され、みんなで一緒に座り、必要なものをリストに書き上げます。それが終わると、私たちのうち1人は、列車に乗ってヴィントフックかゴバビスに、食べ物を買いに行かねばなりません。それは月に1度だけで、その月に必要な量だけを買います。いくつかの必要な小物は地元の店やシビーン（酒場）で買います」

さらに、ベーシック・インカム給付が、依存と怠惰の文化を創り出すのではないかという懸念についても、神学的文脈で考えてみましょう。

社会実験が始まる前、ベーシック・インカム給付の反対者たちは、人々にお金を与えたら、とりわけ貧しい人々は、ただ座っているだけの怠け者になってしまうだろうと言っていました。天が不思議な食物マナを与えてくれるのなら（『出エジプト記』16章）、どうして人々が働く必要があろうか？　というわけです。この報告書に示されている実験結果は、このような予想を否定してしまいました。

『出エジプト記』16章をよく読めば、奴隷から解放される長い旅の最中に、イスラエルの民は天からマナという食べ物を与えられたが、それによって彼らは怠惰にはならなかったことがわかります。

それどころか、マナのおかげで彼らは砂漠を通る大移動をやってのけました。砂漠のあるナミビアにいる私たちは、それがどんなに厳しいものかわかります。そこまでわかれば、マナのせいでイスラエルの民が人まかせの怠け者になったなどという人はいないでしょう。事態はまったく逆です。マナによって、人々は、大移動をやってのける力を与えられたのです。それならなぜ、主は人々に、たとえばリンゴの木を与えなかったのでしょう？　という人がいるかもしれません。その理由は簡単です。主は、人々が移動することを望んでおられました。マナならそれを拾ってすぐに進めます。人々はそうやって、奴隷として従属する、人まかせで依存的な生活から脱出できたのです。ちょうど、ベーシック・インカム給付が実現したときのように、人々は、ある場所や特定の条件で生きることを強制されることなく、与えられた物を手に入れると、すぐに移動することができたのです。

ベーシック・インカム給付は、まるでマナのように、人々の移動を自由にし、自由な経済活動を可能にします。それは罠ではなく、長く厳しい「約束の地」（神が約束された豊かな生活）への旅の前提条件となるのです。

私たちが、オチベロ・オミタラで見たのは、まさしくそのことでした。たとえば、フリーダ・ネンブワヤという女性は、ベーシック・インカム給付を受け取ると、伝統的なロールパンを焼き、それを1個1ナミビア・ドルで売り始めました。今では彼女は、一日も休まず毎日２００個のパンを焼いています。オチベロ・オミタラの人々も、今ではそのパンを買うお金をもっています。最近、彼女は、自分の住む小屋を大きくして、だれかを雇いたいと考えています。彼女はまた、ちょっとした髪結いの仕事も始め、地元のソーセージや、携帯電話の通話用カードの販売もしています。マナの効き目は抜群で、彼女は、大移動を続け、ついに、彼女は、新しく建てたトタンの家の壁のあちこちに次のようなことばを書きつけるようになりました。「困難の後にすばらしい人生がある」と。

私は、ベーシック・インカム給付が、極貧、飢餓、栄養失調を根絶するだけでなく、人々の経済的な力を強化し、社会に対する責任や社会が自分たちのものだという意識を獲得していくための強力な基盤を作り出すものと確信しています。

ベーシック・インカム給付は、人々を自由にして人間としての尊厳を復活させ、その結果、人々はより活動的になって、社会の一員であることに誇りをもてるようになるのです。私は心から願っています。このような夢が実現したのは、まだオチベロ・オミタラ村の人たちだけですが、それがナミビアのすべての人たちの間でも実現しますように。

２００９年４月24日

読者へ

本報告書はナミビアでのベーシック・インカム給付についての一連の出版物の最新刊であり、オチベロ・オミタラ村での試験実施事業の結果を考察したものである。この1年間の新たな発見を概観し、ナミビアでの全国規模のベーシック・インカム給付の実施へ向けたさまざまの可能性を示唆することを目的としている。

読みやすさを考慮し、この報告書では以前に発行されたものを要約したり、繰り返したりして、情報のみを一部更新した。それらの参考文献をいちいち文中に載せるのはまどろっこしいので、以下に示しておく（これらの文献はすべて、ナミビアのベーシック・インカム給付推進連合のウェブサイト www.bignam.org からダウンロードできる）。

Haarmann, Claudia; Haarmann, Dirk; Jauch, Herbert; Mote Hilam et al 2008. *Towards a Basic Income Grant for all. Basic Income Grant Pilot Project. First Assessment Report Report*, September 2008. Windhoek.

Kameeta, Zephania; Haarmann Claudia; Haarmann, Dirk; Jauch, Herbert 2007. *Promoting Employment and Decent Work for all- Toward a Good Practice Model in Namibia, - Research Paper- Persentation to the United Nations Commission for Social*

Development. Windhoek.
Haarmann Claudia; Haarmann, Dirk（ed.）2005. *The Basic Income Grant in Namibia. Resource Book.* Windhoek.

こうして本報告書は、先行報告書を読まずとも、包括的な理解を得ることができるものとなっている。本報告書がさらなる議論のため、そしてより重要なナミビアでの全国的なベーシック・インカム給付の実施の土台となるものと信じている。

謝辞

この研究はオチベロ・オミタラ住民の協力なしにはできなかった。村民たちが自分たちで選出したベーシック・インカム委員会（BIG Committee）の方々には、特に感謝したい。委員の方々は、ベーシック・インカムの実際の給付作業を円滑に進めるだけでなく、この研究の実施に、計り知れない協力をしてくださった。委員会の構成員は、次のとおり。

委員長（Director）：アイゴワブ（Mr. S. S. Aigowab）氏（コミュニティ・リーダー、男性）。副委員長：ジェレミア（Ms. R. Jeremia）氏（小学校長、女性）。議長（Chairperson）：ガワハブ（Mrs. E. Gawaxab）氏（小学校教師、女性）。事務局長（Secretary）：ハムビラ（Ms. C. B. Hambira）氏（巡査、女性）。事務局次長：モレレケン（C. Molelekeng）氏（保健衛生官）。渉外局長（Public Relation Officer）：クートンドクワ（Sgt. T. Kuutondokwa）氏（S. C.）。渉外局次長：カムペリパ（K. Kamperipa）氏（リーダー）。委員：シウェダ（Ms. P. Shiweda）氏（シビーン〈酒場〉の店主、女性）。モリリキン（Ms. Molilking）氏（シビーンの店主、女性）。ガネブ（Mr. J. !Ganeb）氏（PPRC、男性）。チホ（Mr. R. Tjiho）氏（男性）。ムランギ（Mr. S. Murangy）氏（男性）。ネホラ（Ms. T. Nehola）氏（女性）。ハマセス（Ms. B. //Hamases）氏（女性）。シューンベ（Mr. M. Shoombe）氏（男性）。クラーセン（Mr. H. Klaasen）氏（教会のリーダー、男性）。

われわれは、喜んでインタビューに応じ続けてくれ、自分たちの生活を語ってくれたオチベロ・オミタラの全世帯住民にも感謝している。その経験にわれわれは強く感動した。専門的な知識や経験を語ってくれた中心的な情報提供者たちには、特に感謝したい。すなわち、ムバング（Ms. F. Mbangu）氏（看護師）、ナカニャラ（Ms. B. Nakanyala）氏（同）、ジェレミア（Ms. R. Jeremia）氏（小学校長）、ガワハブ（Mr. E. Gawachab）氏（教師）、トーマス（Mr. Thomas）氏（警察署長）、ケーラー（Mr. H. Koehler）氏（酒屋兼雑貨店主）である。

われわれは、村でのインタビューや資料収集の便宜を図り、協力してくれた方々にも感謝したい。すなわち、パトリック・ボック（Patrick Bock）、ニコラ・ディールゴール（Nicola Diergaardt）、ステファン・ディールゴール（Stephane Diergaardt）、ウィルフレッド・ニコ・ディールゴール牧師（Rev. Wilfred Nico Diergaardt）、アシノ・エラストゥス（Asino Erastus）、マリア・ガリセス（Maria Garises）、ジャフェ・ガレーブ（Jafet Garoeb）、エルトン・イメメ（Elton Imeme）、ファビアン・ヤウフ（Fabian Jauch）、リオネル・カムブルテ（Lionel Kamburute）、ムニオヴィナ・カチムネ（Muniovina Katjimune）、ペトルス・ハリセブ牧師（Rev. Petrus Khariseb）、ペトルリート・ハリセブ（Petrulieth Khariseb）、エルトン・ケセブ（Elton Khoeseb）、ベニー・ムロコ（Bennie Muroko）、リー・ングラレ（Lee Nguare）、ロレイン・シーミ（Lo-Rain Shiimi）、タンジェニ・シンドンドラ（Tangeni Shindondola）、フィリップ・チェリイェ（Philip Tjerije）、イズラエル・トビアス（Israel Tobias）、シャーロン・ハミセス（Cherlon Xamises）である。基礎研究のためのデータ収集については、ハイデ（Heide）およびゲルハルト・ハールマン（Gerhard Haarmann）の協力を得た。

この調査研究が国際助言グループからいただいた、貴重なコメントや支援についても、深く感謝したい。

この社会実験と調査研究は、ナミビアのベーシック・インカム給付推進連合（BIG Coalition）の全メンバーによる財政的、組織的な関与、貢献、そして際立った努力なくしては、実現しなかった。社会実験については、さらに次の諸団体から財政的、組織的な支援をいただいた。すなわち、ドイツの「世界にパンを（ＢｆｔＷ：Bread for the World, Germany）」、「ドイツ・ラインラント福音主義教会（ＥｋｉＲ：Evangelical Church in Rhineland）」、「ドイツ・ヴェストファーレン福音主義教会（ＥｋｖＷ）」、「フリードリッヒ・エーベルト財団（ＦＥＳナミビア事務所）」、スイスの「ルーテル世界連盟（ＬＷＦ）」、「南アフリカ・ルーテル教会（ＬＵＣＳＡ：Luteran Communion in South Africa）」、ドイツ・ハイデルベルクのブルムハルト教会（Blumhardt Congregation in Heidelberg）と共同する「南部アフリカに取り組むキリスト者奉仕会（ＫＡＳＡ：Kirchliche Arbeitstelle Südliches Afrika, Heidelberg）」、ドイツの福音主義合同宣教会（ＵＥＭ：United Evangelical Mission）である。村での試験実施事業には、ナミビア内外の多くの個人や企業からの財政的支援を受けた。寄付額は、事業の成功に十分な額となり、さらに当初予定された２年間という実施期間を保障してくれた。このような圧倒的な支持がなければ、試験実施事業とこの研究は、とうてい実現しなかっただろう。ベーシック・インカム給付推進連合は、ここで、寄付していただいた方々すべてに、深く感謝したい。

この試験実施事業は、ナミビアだけでなく世界中から、非常に注目された。電子メディア、印刷メディア、そしてテレビでも、ナミビア内外で広く報道され、その動向が恒常的に報じられた。南アフリカ、イギリス、ドイツ、オランダ、ノルウェー、スウェーデン、アメリカの主要新聞や雑誌が取り上げた。その結果、多くのジャーナリスト、報道関係者、活動家、研究者、政治家が、ベーシック・インカム給付推進連合とオチベロ・オミタラ村を訪れた。村人たちにとって、それは、かなりの負担となった。しかし、それでも村人たちが訪問者たちを大歓迎してくれたことについて、ベーシック・インカム給付推進連合として、感謝の意を表したい。

要約

2008年1月、ベーシック・インカム給付試験実施事業が、ナミビア共和国の首都ヴィントフックの東100キロメートルほどにある村、オチベロ・オミタラで始まった。国家からの老齢年金を受け取っていない60歳以下のすべての住民は、どんな条件で制限されることもなく、ベーシック・インカム給付として、1カ月につき1人当たり100ナミビア・ドル（以下N$と略記）を受け取る。この給付金は、その住民がどのような社会的、経済的地位にあるかにかかわりなく、2007年に村に居住登録していた者全員に支給されている。

この事業は、ナミビアのベーシック・インカム給付推進連合（2004年設立。ただし、推進連合を代表して試験実施事業の遂行に責任をもつ法的、財政的な主体となるのは、ナミビア共和国福音ルーテル派教会〈ELCRN〉とその社会開発部〈DfsD〉）によって計画、実行されている。それは、世界初の普遍的現金給付の試験実施である。推進連合のねらいは、ナミビア政府が、ナミビア政府税制委員会（NAMTAX）の勧告にしたがって、ナミビア全土にベーシック・インカム給付を実際に導入しやすくするための、試験的な実施とすることだ。つまり推進連合にとってこのプロジェクトは、全国民のためのベーシック・インカム給付への第一歩なのだ。推進連合はナミビアの4つの全国規模の組織から成る。すなわちナミビアのキリスト教会協議会（CCN：Council of Churches）、ナミビア全国労働組合連合（NUNW：Namibian Union of Namibian Workers）、ナミビアNGOフォーラム（NANGOF：Namibian NGO Forum）、ナミビアAIDS対策組織ネットワーク（NANASO：Namibian Network of AIDS Service Organizations）である。このプロジェクトを開始するための資金は、ナミビア社会のあらゆる部門のなかでベーシック・インカム給付の考え方を支持する人々、そして、外国の人々や教会や諸組織からの自発的な寄付金によってまかなわれた。試験実施事業は、2009年12月まで、24カ月の期間実施されることになっている。

この事業の効果は、進行中のものとして評価される。互いに補完し合う4つの方法が用いられた。第一に、ベースライン調査は、2007年11月に行われた。第二に、パネル調査は、2008年7月と11月に行われた。第三に、情報はこの地域の鍵となる情報提供者（キー・インフォーマント）から集められた。第四に、オチベロ・オミタラに住む何人かの個人について、一連の詳細な事例研究が行われた。

この報告書は、12カ月にわたる試験実施事業の社会的、経済的影響を示す。主な論点は、以下のとおり。

◉ベーシック・インカム給付導入以前のオチベロ・オミタラは、失業、飢餓、そして貧困の村だった。ほとんどの住民は、ほかに行くあてがないので留まっていた。日々の生活に困窮し、未来への希望がもてなかった。

◉ベーシック・インカム給付導入は、人々の希望に火をつけた。村のコミュニティ住民が自発的に、18人からなるベーシック・インカム委員会を結成した。この委員会は、コミュニティ住民全体に、給付されるお金の賢い使い方を教えるためのものだった。これは、ベーシック・インカム給付の導入が、コミュニティ住民を動員し、住民の力量を高める（エンパワーメント）有効な援助手段となりうることを示す。

◉ベーシック・インカム給付の導入は、特定の地域だけを対象に行われたので、その地域すなわちオチベロ・オミタラへのかなりの人口移動が発生した。自分自身は給付金をもらえないにもかかわらず、ベーシック・インカム給付に魅かれて、親類縁者で貧しい者たちが移住してきた。このような特定地域や町、世帯への人口移動を避けるため、ベーシック・インカム給付は、国全体を対象とする普遍的な給付金として導入される必要がある。

◉この調査で得られたデータは、このようなオチベロ・オミタラへの人口移動の影響を受けている。ベーシック・インカム給付導入直前の登録調査では、1人当たり1カ月100N$として設定されていたベーシック・インカム給付による村人1人当たりの収入は、2008年1月には、89N$、そして、2008年11月には、67N$にまで低下した。分析にあたっては、このような人口移動がもたらす影響を考慮した。

◉ベーシック・インカム給付導入以来、貧困世帯数は大きく減少した。食料貧困線でみれば、2007年11月には76%の住民が貧困線以下だったが、導入後1年で、37%に減少した。人口流入の影響を受けなかった世帯では、16%にまで減少した。これは、全国的なベーシック・インカム給付の導入が、ナミビアの貧困改善に劇的な効果をもつだろうということを示す。

◉ベーシック・インカム給付の導入で、経済活動も増加した。所得を生み出す活動に従事する人（15歳以上）の比率は、44%から55%へと増加した。このように、ベーシック・インカム受給者は、自分の仕事を増やして、支払いにあてたり、利潤や家族の稼ぎを得たり、起業したりできるようになった。給付金が得られるようになったおかげで、とりわけ、煉瓦造り、パン焼き、ドレスの仕立てといった、小規模ビジネスを始めて、生産的な所得を増加させることができるようになったのである。ベーシック・インカム給付は、各世帯の購買力を増加させることによって、地域社会の局地的な市場形成に貢献した。このような結果は、ベーシック・インカム給付が、人々の怠惰や依存を引き起こすというベーシック・インカム反対の論拠を、事実によって否定している。

◉ベーシック・インカム給付は、子どもの栄養失調を激減させた。WHO方式で子どもの年齢と体重の関係を測定したデータによれば、2007年11月時点で、基準に満たない栄養失調の子どもの割合は42％だったが、2008年6月には17％、2008年11月には10％へと減少し、わずか6カ月間で劇的に改善した。

◉ベーシック・インカム給付導入以前は、HIV陽性の住民のARV（抗HIV薬）の入手は、貧困や交通の不便さによって阻害されていた。ベーシック・インカム給付によって、HIV陽性の住民たちも、栄養ある食糧を入手し、医療機関にアクセスすることが可能になった。オチベロでもARVを入手できるようにするという政府の決定により、これまで近隣都市のゴバビスまで移動してARVを入手していた住民たちの境遇は大幅に改善された。

◉ベーシック・インカム給付導入以前は、学齢期の子どものほとんど半分は、欠席しがちだった。学年終了試験の合格率は約40％で、中退率は高かった。多くの親は学費を払えなかった。ベーシック・インカム給付導入後は、それまでの2倍以上の親（90％）が学費を払えるようになり、今ではほとんどの子どもが学校の制服をもっている。経済的な理由での欠席は、42％も減少した。オチベロ・オミタラへの移住の影響がなければ、この減少率はさらに下がっていただろう。中退率は2007年11月ではほとんど40％だったが、2008年6月には5％に、さらに同年11月にはほとんど0％になった。

◉ベーシック・インカム給付導入以来、住民は村の診療所をより恒常的に利用するようになった。

住民は今や1回の診療のたびごとに4N$の支払いをするので、診療所の収入は、1カ月につき250N$から1300N$へと、5倍に増加した。

◉ベーシック・インカム給付は、各世帯の負債の減少にも貢献し、世帯平均負債は2007年11月から2008年11月の間に、1215N$から772N$まで下がった。同じ期間に貯蓄は増大し、それは大小の家畜や家禽の所有が増えたことに反映されている。

◉ベーシック・インカム給付は、犯罪の減少にも大きく貢献した。村全体の犯罪率――地元の警察からの報告による――は42%減少し、倉庫からの窃盗は43%、そのほかの窃盗もほぼ20%減少した。

◉ベーシック・インカム給付導入は、生きていくうえでの女性の男性への依存度を減少させた。ベーシック・インカム給付によって、女性は、自分の性について自分でコントロールする手段を与えられることになり、食料や衣服などの物資と引き替えの性行為に従事する重圧からある程度まで解放された。

◉ベーシック・インカム給付によって、アルコール中毒が増加してしまうという批判は、実証的データによって支持されないことが明らかになった。コミュニティ住民からなる自発的な18人の委員会はアルコール中毒を抑制しようと努め、酒屋の店主に対して、給付金の支払い日には酒を売らないという協定を結ぶことに成功したのである。

◉ベーシック・インカム給付は社会的な保護の一形態であり、貧困を削減し、貧困を軽減するような経済成長の支えとなる。全国的な政策として採用されれば、それは、ナミビアも参加している国連ミレニアム開発目標の達成に大きく貢献するだろう。

◉全国的なベーシック・インカム給付の費用はかなりの額となる。給付金だけの純費用は、年間12億~16億N$で、これはナミビアのGDPの2・2~3%になる。このような全国的な給付金の財源は、さまざまな形で調達できる。所得税の増税と組み合わせて、付加価値税を適度に調整するのは一つの案だ。この案は、中位および低位の所得の世帯にとって実質的な所得増加となる。そのほかの財源調達案としては、政府予算項目の優先順位の再検討や、天然資源に対する特別な課徴金の導入などがある。

◉計量経済的な分析によれば、ナミビア経済の担税力は、国民所得の30％を超えることが明らかだ。現在の徴税率は25％を下回っている。したがって、ナミビア経済には、上述のベーシック・インカム給付の純費用を大きく上回って、税収を増加させる余力がある。ゆえに、ナミビアには、ベーシック・インカム給付を実現する財源がある。

◉全国的なベーシック・インカム給付は、長期的に見たさまざまな利益を保証する手段となる。オチベロ・オミタラで起こった多方面の発展の経験から、次のように言ってさしつかえない。ベーシック・インカム給付は、貧困と失業を減らし、経済活動と生産性を増加させ、ほとんどのナミビア人の教育水準と健康状態を改善する、と。

1 大きな目標をもつ小さな実験
――ベーシック・インカム給付

第1節　実験プロジェクトの概要

●――2002年の政府税制委員会でのベーシック・インカム給付の提案

2002年、ナミビア政府税制委員会（NAMTAX）は、ベーシック・インカム給付の考え方にそって、全個人を対象とする普遍的な給付を提案した。財源は、富裕層の支出に対する累進課税による増収とされていた。これが、公共的な議論の転換点となった。

貧困問題については、よい成果をあげた取り組みも多く、ナミビア政府も公的に関与してきた。それにもかかわらず、貧困改善のペースがあまりにも遅いことを憂慮した人々によって、2004年、すべてのナミビア人向けのベーシック・インカム給付を推進する連合組織が結成された。それには、ナミビア社会を横断するさまざまの職業や政治的意見の人々が参加した。

その連合組織は、次のようなさまざまの包括的組織を束ねるものだった。すなわち、キリスト教の諸宗派を代表するキリスト教会協議会（ＣＣＮ）、さまざまの労働組合を代表するナミビア労働組合連合（ＮＵＮＷ）、ナミビアＮＧＯフォーラム（ＮＡＮＧＯＦ）、ナミビア・エイズ対策組織ネットワーク（ＮＡＮＡＳＯ）が含まれていた。ナミビア共和国福音ルーテル派教会（ＥＬＣＲＮ）とその社会開発部（ＤｆｓＤ）は、ナミビアのベーシック・インカム給付推進連合を代表して、ベーシック・インカム給付試験実施事業の遂行に責任をもつ法実務的、財政的な母体となった。ベーシック・インカム給付推進連合はさらに、地域の実業家たち、キリスト教会、寄付金提供者、そして国際機関など、外部の多くの組織や個人から、援助、支援された。政府閣僚や高官で関心を示す人もおり、社会的保護と経済的エンパワーメントのために、より普遍的なシステムを開発する意欲を見せていた。

●——ベーシック・インカム給付は、すべての国民の市民としての権利

政府税制委員会の勧告を受けて、ベーシック・インカム給付推進連合が発展させた提案は、次のようなものだった。すべてのナミビア人は、すでに全国民に保障された政府の老齢年金を受け取ることができる60歳になるまでの期間、ベーシック・インカム給付を受け取る権利を市民権としてもつ。給付額は、１人当たり毎月１００Ｎ$以下であってはいけない。現行のナミビアの老齢年金が、60歳以上のすべての男女を対象とする普遍的給付であり、受給率がほぼ１００％となっていることに対応して、ベーシック・インカムは、60歳未満のすべての男女と子どもを対象とする。それは現金給付であり、受給者は、使い道を自由に選ぶことができる。それは、エンパワーメント政策であり、人々に、より高度の自由と、個人的な責任を与える政策である。それは、人々を堕落させる可能性のある外交辞令や慈善行為ではない。人々に権利を与えるものだ。

第2節　どのようにしてオチベロ・オミタラが選ばれたか

●――世界で最初の普遍的現金給付の試験実施事業

２００７年、ベーシック・インカム給付推進連合は、ベーシック・インカムを試験的に導入する社会実験プロジェクトを実施することを決めた。政策論議を前に進め、ベーシック・インカムが有益であることを示す実際の証拠を示すためである。それは、世界で最初の普遍的現金給付の社会実験となった。

試験的な実施事業によって政策の実現可能性が証明されれば、全国的な政策がすんなりと導入されるということは、他国の事例が示している。たとえば、ＨＩＶ治療への抗レトロウィルス療法の導入の場合、ハイチ、ルワンダ、南アフリカで行われた試験的実施事業によって、たとえ対象者が農村地帯の奥地に住む貧困者であっても、効果的に実施できることが証明された。その結果、それぞれの国内で、さらに国際的にも政策が劇的に変化した。抗レトロウィルス薬は、こうして、世界的に用いられるようになったのである。ベーシック・インカム給付推進連合は、ベーシック・インカムの試験実施事業を行いながら、政府の指導者やそのほかの人々に、ベーシック・インカム給付を全国的政策としてどのように整えればいいのかを、実地に示そうと思ったのである。

ナミビア国内の数カ所の村落を注意深く検討したうえで、試験実施事業の場所として、オミタラ地区（Omitara District）にあるオチベロ入植地（Otjivero settlement）およびオミタラ「町」（Omitara 'town'）が選ばれた。オチベロ・オミタラは、その規模、交通の便、そして貧困状況がうってつけだったからだ。

ビニールとトタン板で造られたオチベロの家。実施前の2007年4月に撮影。

オチベロは、地元の農場主たちの間では、犯罪者の巣《そう》窟《くつ》として、悪名高かった。

オミタラは、首都ヴィントフックの東１００キロのところにあった。主として整理解雇された農場労働者たちからなる人々が、オミタラから5キロ離れたオチベロにある政府所有地に入り込んで定住を始めたのは、１９９２年のことだった。

この地域の特徴は、ヴィントフックとその周辺地域に水を供給する大きなダムに近いことだ。したがって、ほかの村ではめったにないことだが、オチベロの住民には、水が無料で供給された。しかし、住民は貧困にあえぎ、結核やＨＩＶ・エイズのような病気にかかりやすく、コミュニティとしてかろうじて存続するために苦闘していた。さらに、オチベロを入植地として開発することは、当初から問題視されていた。オチベロを取り囲む商業的な大農場主との間で、密猟や不法侵入や燃料用の薪の不法伐採をめぐる争いが絶えなかったのである。

つまり、国内のそのほかの地域と比べて、この地域が、試験実施事業の成功にうってつけということは、まったくなかった。

●――2008年1月から2年間、毎月100N$を60歳以下の全住民に

試験事業は次のように実施された。2008年1月から2009年12月までの2年間、60歳以下のオチベロ・オミタラの全住民が、1人当たり毎月100N$を受け取る。930人の住民が、無条件で、100N$の給付金を得る。子どもや21歳になるまでの若者の場合、「主たる養育者」に対して支払われる。それは、異論ない場合には通常、母親が指名される。

この2年間にわたる試験実施事業のねらいは、ベーシック・インカム給付がこの地域に住むひとりひとりに対して、さらにコミュニティ全体に対して、どのような効果を与えるかを観察し、評価することだった。得られた証拠は、実証的なデータに基づく建設的な討論の基礎となるように、公開されるものとされた。

第3節　ベーシック・インカム給付の実施

最初の6カ月、ベーシック・インカム給付の実際の支払いは、すでに経験豊かなナミビアの老齢年金支給のやり方だった。すなわち受給者は、「スマート・カード」と呼ばれる小型のプラスチックのカードを受け取る。それには、受給者の名前、個人別身分証明（ID）番号、顔写真があり、さらにマイクロチップのデータには、生年月日、指紋、給付金を受け取った日付と金額の記録が入力されていた。なんらかの理由で、受給者が自分自身で給付金を取りに行けない場合には、受給者が「代理人」を任命し、その代理人が本人にかわって自分の指紋を押捺し、給付金を受け取ってくるという制度もあった。

最初の6カ月の給付金支払い業務を担当したのは、ユナイテッド・アフリカという会社だった。給付金は、指定された支払い地点に、車で輸送されてきた。車には、現金自動支払機が備え付けてあり、武装し

た警備員が付き添っていた。受給者は、スマート・カードを現金自動支払機に挿入し、本人確認は、指紋で行われた。二重支払いを避けるために、支払いが行われた日付と場所が、そのときにマイクロチップに書き込まれて記録された。

●――給付金は、全受給者がもつ郵便貯金口座へ

２００８年7月以降は、郵便局（NamPost）が、郵便貯金口座とそのキャッシュカードを用いて、給付金の支払いを担当した。今では、すべてのベーシック・インカム受給者が郵便貯金口座をもち、給付金は、毎月15日に口座に振り込まれる。このやり方だと、すべての受給者が、正式の金融機関を活用できるようになるという利点がある。受給者は、いつ、どこで、どれだけの金額を給付金から引き出すか、自分で決めることができる。それによってまた、人々に屈辱的な思いをさせる可能性のある現金支払いの際の行列をなくすことができる。

推進連合は、２００７年7月31日にコミュニティの住民全員を登録した。全世帯を一軒一軒訪問し、世帯の全成員のひとりひとりを、さまざまの身分証明書（ナミビアの本人確認の書類としては、さまざまの身分証明書〈ＩＤ〉、出生証明書、自動車運転免許証、選挙人登録カード、などがあるが、オチベロ・オミタラの住民の多くは、そのような政府関係の本人確認の書類をもっていないため、教会の洗礼関連の証書も用いられた）によって確認し、60歳以下の全員をベーシック・インカム給付対象として登録した。この登録作業は、この入植地への人口流入を避けるために、1日のうちに行われた。7月31日以降にオチベロ・オミタラに引っ越してきたものは、ベーシック・インカム給付を受給できないことにした。21歳以下の子どもについては、世帯のなかで主として子どもの世話をする人が確定され、その人が、子どものかわりに受け取ることにした。

この事業は、スイスのルーテル世界連盟事務総長のイシュマエル・ノコ博士、南アフリカの聖公会デス

最初の募金者となったナミビア初代首相、当時の通産工業大臣、ハーゲ・ガインゴブ博士。2015年３月から大統領になった。

モンド・ツツ主教、ドイツの合同宣教会（ＵＥＭ）事務総長のフィドン・ムウォンベキ博士、ブラジル・サンパウロ選出のエドゥアルド・スプリシー上院議員から、国際的な支援を受けた。

この事業資金の募金活動が開始されたのは、２００７年8月だった。ナミビアの初代首相であり当時の通商産業工業大臣だったハーゲ・ガインゴブ（Dr.Hage Geingob）博士が、試験実施期間中の資金援助を約束した最初の人となり、気前よく、年間2人の給付金に相当する金額を寄付した。事業に関心を寄せる多くの個人や団体が、この例にならい、試験事業を2年間実施するのに必要な十分な資金が、確保された。

第4節　調査方法

●──全国規模の政策立案に資するような影響評価

ベーシック・インカム給付推進連合は、ベーシック・インカム給付の影響評価によって、国政レベルの政策立案者に助言できるようにするため、試験実施事業の全体を注意深く評価しようとした。理想的には、試験事業開始と同時に、ほかの地域での調査（いわゆる対照群の設定）も行われるべきである。しかし、そのような厳密な統計学的調査のためのデータ収集は、オチベロ・オミタラという地域が置かれている前述のような特殊事情からいってきわめて困難であるばかりか、倫理的にも問題である。したがって、次のような4つの調査方法を適用し、4種類のデータを収集することにした。

第一は、この地域のベースライン（基準線）調査である。それは2007年11月、最初のベーシック・インカム給付が開始される2カ月前に行われた。健康や栄養に関するものを含めて、住民の社会的、経済的な状態を示すような、当時の、あるいは過去にさかのぼるデータが収集された。

第二は、パネル調査である。それは2008年7月、ベースライン調査ですでにデータが収集されていた世帯や個人を対象に行われた。2008年11月には、再調査が行われた。

第三は、キー・インフォーマント・インタビューである。この地域の看護師、警察署長、地元有力者、商店主など、この地域あるいは近隣に住む住民のなかで、核となる情報提供者（キー・インフォーマント）から情報が集められた。

第四は、ケース・スタディ（事例研究）である。オチベロ・オミタラにおける人間生活の具体的な描写を提供するために、特定の諸個人の事例が研究された。次節ではそれらを紹介する。ベーシック・インカム給付が事例として取り上げられた方々の生活をいかに変化させたか。その変化の諸側面は、この報告書の全体を通じて記録され、引照されている。その方々は、実名と写真を公表することに同意してくれた。それは、この事業に対する勇気ある貢献である。

オチベロ・オミタラの住民コミュニティの全員が、登録に協力し、この試験実施事業に自発的に参加してくれた。そのおかげで、2007年11月のベースライン調査、2008年7月と12月のパネル調査は成功裏に完了した。こうして、ベーシック・インカム給付のさまざまな効果に関する影響評価が可能となったのである。

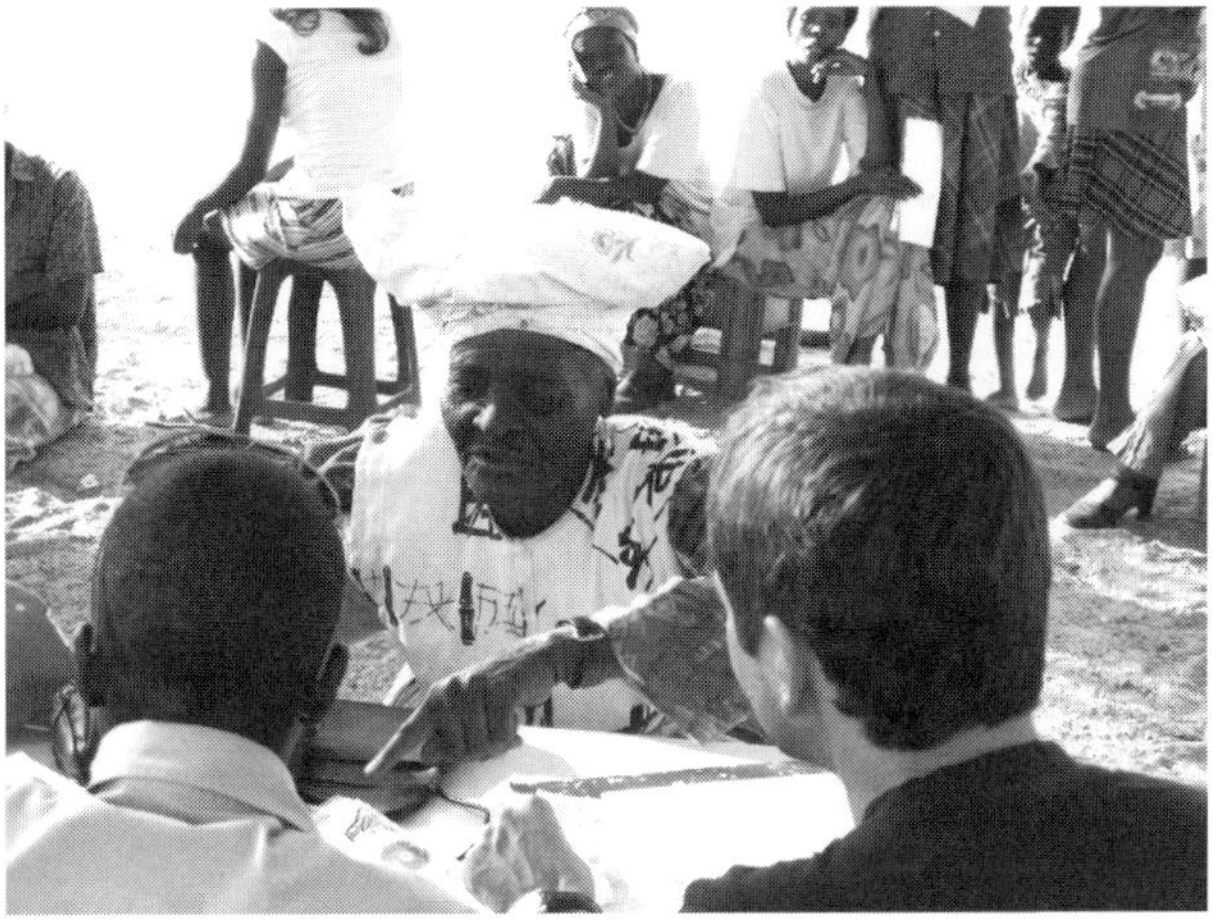

最初の6カ月は現金輸送車からスマート・カードで給付金を受け取った。

それ以後は、郵便貯金口座に振り込まれた給付金を村の郵便局などで好きな時に引き出す。振り込み日の村の郵便局にて。

2　パンを保証された村人は何をして、村はどうなったか？
――影響評価

第1節　実施前の貧困の実態

オチベロ・オミタラの住民は、さまざまだ。大人たちの大部分は、別の場所で生まれ、多くの人が苦難の人生を歩んできた。以下、ベーシック・インカム給付導入以前のオチベロ・オミタラの人々の生活についていくつかの例を挙げながら、人々が味わってきた苦痛と喪失感を描いてみたい。

２００７年11月、住民たちは、日々の生活状態について、次のように言っていた。

「みんなほんとうに飢えています」

エミリアさんは、55歳。７人の子の母で世帯主だ。

失業と空腹と貧困がいちばん大きな問題です。食べ物が何もないので、寝るしかなく、何も食べずにまた起きて、そんな日がよくあります。みんなほんとうに飢えています。

「時々死んだほうがマシって思う」

ウィレミナさんは、31歳。3人の子をもつシングルマザーである。

失業が問題なの。仕事を探しにゴバビスやヴィントフックに行こうにも、そのお金もない。子どもは3人。10歳、13歳、それに7カ月の赤ん坊よ。父親の行方は分からない。仕事がないのでお金を渡して子どもを学校に戻すこともできない。3人の子も私も、失業者の私の両親の家に住んで、食べさせてもらってる。時々死んだほうがマシって思う。こんな暮らしはもう無理だから。ほんとは、両親と子どもを養わなきゃいけないのに、それが無理なの。ここの暮らしはほんとにきつい。みんな貧乏で、将来の希望もないの。

さらに子どもの教育について次のように言う。

私の2人の男の子は、寄宿制のグリチャス校に行ってた。でも、私が授業料を払えなかったものだから、あの子たちは7カ月前に追い出されてしまった。学校に行けなくなったあの子たちを見るのはつらい。あの子たちは学校が大好きで、学校なしの生活にはとてもなじめなかった。あの子たちのつらさが痛いようにわかる。あの子たちは、よく聞いたものだわ。「ママ、僕たち、いつ学校に帰れるの?」って。お金がないために自分の子どもを学校に戻してやれないなんて、親としては耐えられない。落ち込むわ。子どもなんていないほうがよかったのよ。

「狩りをしてなんとか生き延びてるの」

ムバングさんは、オチベロの診療所で働く看護師の女性だ。次のように見ていた。

最大の問題は失業ね。ここには仕事がないの。そのへんの農場に仕事を探しに行くと、必ずどこから来たのかを聞かれる。オチベロからだと答えたとたんに、はい、さようなら。仕事にはありつけない。昔、そういう農場で働いていたっていう人たちで、今でも、ここらあたりに居ついてる人たちがいる。そういう人たちは、このへんの農場主の土地に勝手に入り込んで、狩りをしてなんとか生き延びているの。そんな人が農場で働けば、農場の豚をしとめるかも。そう思って、農場主たちは、そんな怪しい連中は追っ払ってしまうっていうわけね。

「生徒のお目当ては、給食のお粥」

ガワチャブさんは、オチベロ小学校の男性教諭だ。子どもの状態について次のように言う。

生徒1人につき年間50N$の授業料を集めなければいけないのですが、たいていの親には、それがとても大変なのです。ほとんどの生徒のお目当ては、授業より給食のお粥です（学校では毎日トウモロコシ粥の給食がある）。お粥の給食がない日には、たくさんの子どもが欠席します。一般的に言って、生徒の学習意欲はとても低い。そもそも制服をもってない子もいるし、ほかの学校の制服の古着を着てくる子もいます。

ベーシック・インカム給付直前の村人の住宅。

「みんな、掘立小屋に住んでいます」

オチベロ警察署の署長トーマスさんは、この村について次のように言う。

ここにはちゃんとした家がありません。みんな、パイプのようなものやテントの切れ端などで作った掘立小屋に住んでいます。仕事がないので、生活するには、ちょっとした事業を始めるしかありません。何がしかのお金を儲ける唯一の通常の方法は、小さな酒場をやることです。貧困と失業が、犯罪、アルコール依存、そして小さな酒場だらけという状態を生み出してしまうんです。

「HIV・エイズは、貧しさのせいで深刻」

先述の31歳のシングルマザー、ウィレミナさんは、HIV・エイズについて言った。

ここには、HIV・エイズの問題があって、貧しさのせいで深刻になっているわ。たくさんの人たちが、抗レトロウィルス治療を受けられないばかりか、栄養のあるものが食べられない。貧乏人は、ゴバビスまで行って毎月の治療を受けることなんて、とてもできないのよ。

第2節　ベーシック・インカム給付への期待

オチベロ・オミタラ村の住民の多くが、ベーシック・インカム給付へのさまざまな期待を語ってくれた。多くの人々は、ベーシック・インカム給付を使って、自分たちが直面する問題を少しでも解決するやり方を考え、計画を立てた。要するに、ベーシック・インカム給付の導入は、それぞれの世帯だけでなく、コミュニティ全体のなかで、極端な貧困と飢餓との闘いに役立つと期待されていた。以下の発言からは、どんな変化が期待されていたかが、浮かび上がってくる。

「希望がもてるわ」

先述の7人の子の母で世帯主のエミリアさん（55歳）は言う。

希望がもてるわ。7人の子どもの分と合わせて800N$もらえるのなら、主食のトウモロコシ粉とおかずの食料を買うわ。学費も払うわ。たぶん、材料を買って服を作ることにするの。二度とお腹がすいて困ることのないように、少し余分のお金を稼ぎたいの。学費を払って、子どもたちに新しい服を買ってあげるの。毛布も買って、たぶん家を修理するわ。ヴェトケーキ（vetkoek：南アフリカの伝統的な菓子）をたくさん作って売ることもやってみて、お金を稼ぎたいわね。家族のだれかが死んでしまってもそんなに苦労しなくてもすむように、少しだけでもお金を貯めておきたいわ。たぶん、葬式保険に加入できるわ。毎月20N$でいいっていう話だし。来年の暮らしは、ほんとうに良くなるはずよ。

「子どもに食べ物を買って、学校に戻してやれる」

先述の3人の子をもつシングル・マザー、ウィレミナさん（31歳）は言う。

ベーシック・インカムは、私たちの希望よ。とにかく、子どもたちに食べ物を買ってやって、学校に戻れるようにしてやることだけはできるわ。お金は、食費、学費、制服代で、ほとんど消えてしまうわね。たぶん、私は、メイドの仕事を探しにヴィントフックまで行けると思うの。今は、仕事を探せてないからね。仕事探しに行く交通費がないの。ベーシック・インカムでオチベロの暮しは変わるよ。みんなが食べ物にありつくようになるわね。

またオチベロ小学校の男性教諭ガワチャブさんも次のように期待する。

ベーシック・インカムで、家族は、学費を払い、子どもたちの制服を買えるようになります。子どもたちは、食べ物にもありつけるようになります。私たち学校側は、子どもの面倒をみる寮を建てることさえできるかもしれません。

警察署長トーマスさんの予測はこうだった。

ベーシック・インカムが保障されると、貧乏な人は減るだろうと思いますね。生活水準は、少し向上するでしょうね。でも、ここで仕事を見つけられる可能性は、ゼロだけどね。

「診察費を払い、抗ウィルス剤を入手できる」

村の診療所の看護師、ムバングさんは、貧乏のせいで、保健サービスが行き渡らず、HIV・エイズ撲滅作戦が、いかに妨げられているかを説明してくれた。彼女は、ベーシック・インカムで、人々が、診療所に来やすくなり、抗ウィルス剤を入手できるようになるのでは、と期待していた。

たいていの場合、診療所に来ないんです。診察料の4N$が出せないから。病気になってるのに、家でじっとしているだけ。HIV陽性の人すべてが抗ウィルス剤治療をやっているわけではありません。ゴバビスの町まで行けないからです。オチベロからゴバビスの往復は、タクシーで、100N$ほどかかるんです。それに、そういう人たちは、おなかがすいているのに、食べるものがないのです。ベーシック・インカムが、この村の人たちにいいと思うのは、診察費の4N$を払い、抗ウィルス剤を入手しにゴバビスまで行く交通費の足しになるからです。

ベーシック・インカム給付直前のようす。７人の子の母で世帯主のエミリアさん（55歳）。

ベーシック・インカム給付直前の生活を語るウィレミナさん（31歳）。

第3節　変化を語る

ベーシック・インカム給付が導入されてすぐに、オチベロ・オミタラ村では、いい変化がたくさん見られるようになった。給付の影響は、個人に、世帯に、村の施設に、そしてコミュニティ全体にわたっていた。ほとんどの人が、これまで紹介してきたような期待どおりであったことを認めた。ベーシック・インカム給付がオチベロ・オミタラ村の人々に与えた影響を示す発言を紹介しよう。

「ドレスを作って売る。食べ物もたくさん」

２００８年６月、７人の子の母で世帯主のエミリアさん（55歳）が、ベーシック・インカム給付金の使い道を説明してくれた。

給付金が入ったので、材料を買って、３着のドレスを作っているの。ドレスは売るつもりよ。これができたら（ほとんど完成したドレスをみせてくれる）、また次のに取り掛かるわ。ドレスは、１着１５０Ｎ＄で売るの。家の補強に使う新しいトタン板の手付金も払ったわ。今は残金支払いの真っ最中ね。次に来たときには家がきれいになっていて、びっくりするよ。計画はたくさんあるわ。そうそう、食べ物もたくさん買えたわ。そのとき、みんながお店で買い物をしている写真もあるの。主食のトウモロコシ粉、トマトソース、食用油、食料品をいろいろ買ったわ。オミタラのお店よ。二口式の電気コンロも買ったわ。家には電気が来ているからね。

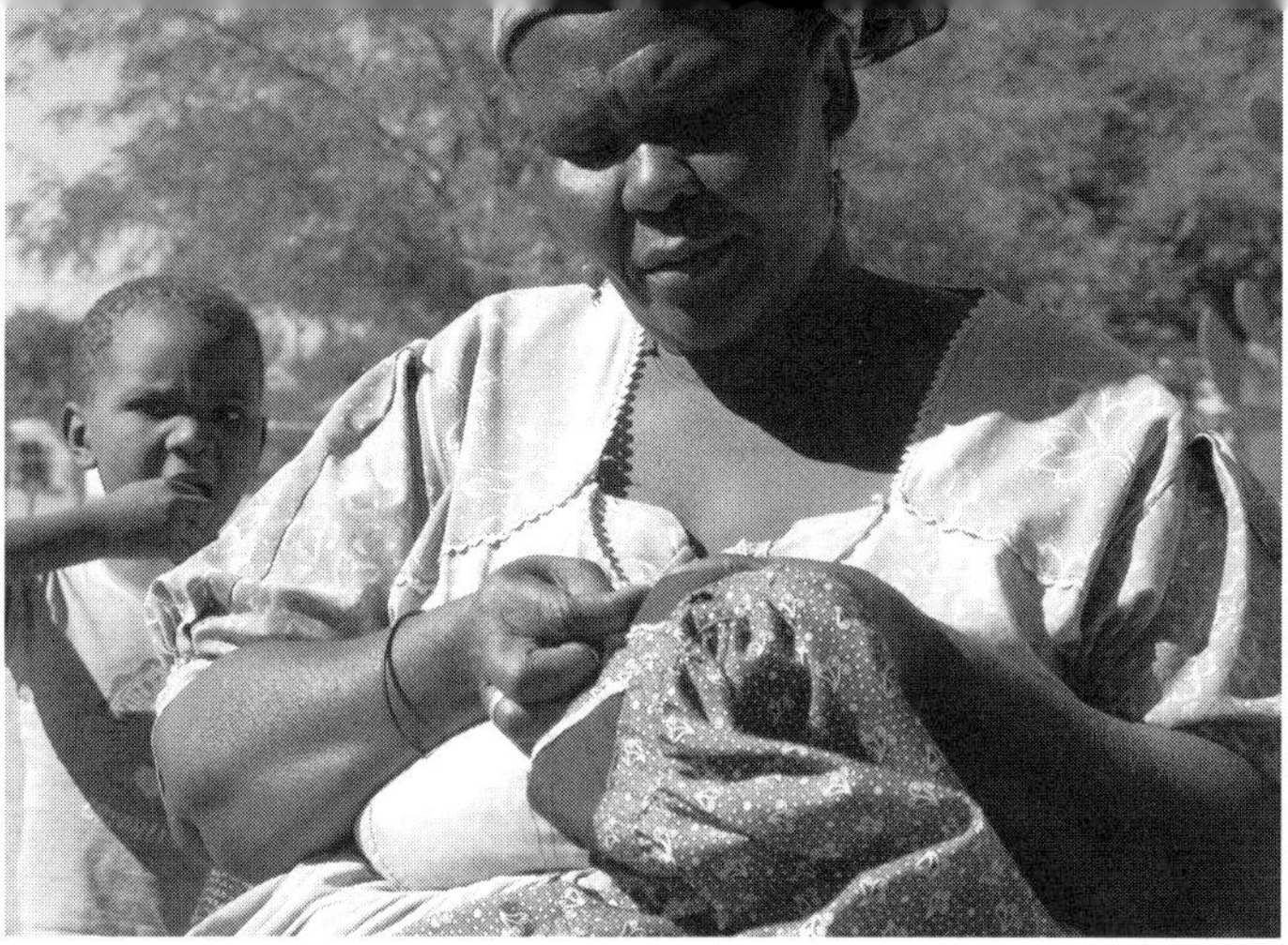
ベーシック・インカム給付金で買った材料を用いてドレスを作るエミリアさん。

「子どもは学校に戻った」

3人の子持ちシングル・マザー、ウィレミナさん（31歳）は、生活の変化についても語った。

ほんとうに苦労して、生きていくだけで必死だったこれまでに比べると、なにもかも、ほんとうによくなったわ。去年はずっと落ち込んでいたね。ずっと物乞いに歩いていたんだもの。でも今じゃ、食べるものは十分あるわ。私は今でも失業中だけど、とりあえずはね、食べ物やなにやかやのために、両親を頼ることはもうないの。今じゃ自分のお金があるからね。子どもたちは、学校に戻ったわ。あの子たちが、この村の小学校を終えたら、寄宿舎付きの上級学校に行かせてやれるように、お金をためているの。ベーシック・インカム給付金で、私も子どもたちも、助かっているわ。今じゃ、ヴィントフックまで仕事を探しに行くこともできるのよ。

2008年6月、診療所の看護師ムバングさんは、オチベロ・オミタラ村の生活状況にベーシック・インカム給付がおよぼした影響について、次のような観察を述べた。

暮らし向きはどうなってるか、今じゃずいぶんいいものを食べているのか、みんなに聞いてみたわ。そしたら、なにもかも、少しはよくなってる、だって。収入源にするために、食べ物、タバコ、衣類、携帯電話などを売る商売を始めた人たちもいるわ。あるＨＩＶ陽性の女性は、材料を買って、ナマ民族伝統のドレスを作っているの。ベーシック・インカム給付金で、何をしたか、一目でわかるようなコンテストをやりたいね、って話しているの。賞を与えたりすれば、みんなのやる気につながるでしょ。

第4節　オチベロ・オミタラの概観

●——無作為抽出した50世帯

影響評価にあたって、オチベロ・オミタラ村住民２００世帯から4分の1を無作為抽出した。２００７年11月の基準線調査は、52世帯３９８人を対象としていた。調査対象者は、男性よりも女性（51％）の方がわずかに上回っていた（それは、女性が53％を占めるナミビア全国の男女比率とほぼ同じである）。同じく、調査対象者の年齢分布も、全国の割合とほぼ同じであり、若年層が大半だった。村での最大の言語集団は、ダマラ・ナマ（Damara/Nama）語話者（73％）であり、ついで、アフリカーンス（Afrikaans）語（10％）、オチヘレロ（Otjiherero）語（8％）、オシワンボ（Oshiwambo）語（6％）、ルクワンガリ（Rukwangali）およびセツワナ（Setswana）語（2％）となっている。

調査対象世帯の人数は、全体として、調査期間を通じて増加した。表1からは、２００８年の1年間を通じての、この村をめぐる人口の移出入の動向を知ることができる。

表１　調査対象世帯における12カ月間の人口の移出入
（基準線調査時からの増加率）

	2007年11月（基準線調査時）	2008年７月	2008年11月
移入民	0％	17％	27％
移出民	0％	7％	16％
移出入の合計	0％	24％	43％

住民の移動

●――村人口の27％の新規移入

ある種の人口の移出入は、ナミビアの農村地帯では、よくあることだ。家族のだれが子どもの面倒をみるかによって、また子どもが学校に通えるようにするために、子どもたちは村を出たり入ったりしている。オチベロの学校は、第７学年までなので、それよりも上の学年に進む子どもたちは、移出民となる。また、よその地域で仕事を探している大人も、移出民となる。とはいえ、移出入の合計が、43％にものぼることは、驚きだ。移出民（16％）は、移入民（27％）よりもかなり小さい。このようにして村を去った人のうち、大多数は失業者（33％）であり、ついで全日制の生徒となる子どもたち（24％）、そして、３番目のグループが有業者（18％）だった。

こうして村を去った人は、同時にベーシック・インカム給付金を受け取る人でもある。したがって、給付金のうちで、オチベロ・オミタラ村内で消費される金額は、それだけ減ってしまうことになることには、注意すべきだ。

●――新規移入の原因は、ベーシック・インカム給付

オチベロ・オミタラ村への27％の移入民は、ベーシック・インカム給付金を受け取るコミュニティの魅力を示すといえる。もちろん、移入民自身は、給付

金を受け取れるわけではないが、それでも魅力的なのである。窮乏生活から逃れて、家族が受け取るベーシック・インカム給付金の恩恵に少しでもあずかろうと、多くの人が、オチベロ・オミタラ村にやってきたようだ。これは、孤立した農村地帯にあるオチベロ・オミタラ村が、およそ魅力のないところだったことを考えれば、注目すべきだ。実際の移入民は、27％より高くなりそうである。というのも、27％という数字は、基準線調査時に存在した調査対象世帯だけに基づくものであり、２００８年のうちに新しく生まれた世帯とそこへの移入民を考慮していないからだ。

子どもの移入民のうちの94％は、15歳以下であり、オチベロ小学校への入学資格をもっていた。これらの子どもたちが、ベーシック・インカム給付金で増加した世帯単位の所得を目当てにやってきたのか、（授業料収入の増加のせいで、ずいぶん改善してりっぱなものになったと広く信じられている）小学校に通うことを目当てにやってきたのかはわからない。いずれにせよ、結果として、小学校は、予想もしないほどたくさんの子どもたちを受け入れることになった。

●——世帯の人数増加で、家計ひっ迫

たいていの場合、世帯に余分の人数が増えたことで、家計はそれだけひっ迫した。表2は、調査期間中の全対象世帯における1人当たりのベーシック・インカム給付金を計算したものである。名目額とインフレによる物価上昇を考慮した実質額との両方を示した。

２００８年1月に1人当たり１００Ｎ＄というベーシック・インカム給付が導入されたとき、実際には、平均して、1人当たり89Ｎ＄の所得上昇となった（年金生活者のように給付金支給対象外とされた者は、そうならなかったが）。この額は、移入民が増えるにしたがって、6カ月のうちに75Ｎ＄に、1年のうちに67Ｎ＄にまで減少した。消費者物価指数を用いて補正すれば、その実質額は、たったの61Ｎ＄にまで減少

表２　全調査世帯における１人当たりのベーシック・インカム給付金受取額

	2008 年 1 月*	2008 年 7 月	2008 年 11 月
名目額	89 N$	75 N$	67 N$
実質額 (消費者物価指数で補正)	89 N$	70 N$	61 N$

＊基準線調査は、ベーシック・インカム給付金が支払われる前に実施されたため、最初の給付時とした。

していたことになる（基本的な食糧のインフレ率は、一般的な消費者物価指数よりも極端に高く、物価上昇が激しかったことに注意）。

●——ベーシック・インカム導入は全国的に

このような移住パターンは、ナミビア全土でベーシック・インカム給付を実施する場合に重要な教訓となる。住民の一部分だけに絞って給付を実施しても、その影響は限られたものになってしまう。なぜなら、人々の生活設計はきわめて柔軟であって、拡大家族のつながりのなかにある多くの失業者や被扶養者は、お金のあるところにさっさと移住してしまうからである。このことは、老齢年金の場合に起こった予期せぬ効果として、すでに指摘されている。１人か２人の老齢年金の受給者が、その給付金で、すでに退職した自分たちの生活の必要をまかなうだけでなく、世帯全体の面倒をみているということがよくあるのだ。

ともあれ影響評価という点では、オチベロ・オミタラ村でベーシック・インカム給付金が使われ、どのような効果をもたらすかを追跡するのは、ますますむずかしくなるだろう。１人当たりとして意図された直接の効果は、実際には、薄められ、弱められてしまうからだ。全国規模でベーシック・インカム給付が実施される場合には、このような事態が発生することはないだろう。

第5節　コミュニティの動き

まだベーシック・インカム給付の試験実施をめぐって議論の最中だったころ、オチベロ・オミタラのコミュニティは、開発援助や、外部からの「援助」というものに対して、健全な疑いの声をあげていた。それらは、短い間の格好だけのものか、よこしまな考えに基づくプロジェクトだとみなしていたのである。けれども、試験実施事業での受給者登録の日に、ナミビア共和国福音ルーテル派教会主教であるゼファニア・カミータ博士がコミュニティの人々に話したことで、そのような恐れは、かなり拭い去られた。ナミビアにおけるベーシック・インカム給付推進連合の議長が彼だったことは、試験実施事業の信頼性を高め、人々からの信用を得ていくうえで、とても重要だった。

●――自立するコミュニティ

試験実施事業への受給者登録とともに、オチベロ・オミタラのコミュニティは、人々を動かし、コミュニティの問題を意識し、自分たち自身で問題解決の力をつけていくという道を歩み始めた。その道は、外部からの介入なしに、コミュニティの人々自身によって方向づけられ、発展させられた、まったく自然発生的な道であったことは重要であり、強調しておきたい。

ここのコミュニティは、「ベーシック・インカム委員会（BIG Committee）」を立ち上げることを決めたのである。それは、コミュニティの内部で試験実施事業について案内し、コミュニティとベーシック・インカム給付推進連合のいずれもが必要とするあらゆる援助を行うためのものだった。２００７年9月、コ

村人が自発的に創り出したベーシック・インカム委員会に参加した人たち。

ミュニティの集まりで、住民18人からなる委員会が選ばれた。委員には、学校教師、看護師、警察官、村の簡易酒場の主人のような実業家、そしてコミュニティの構成員が含まれていた。言語集団や年齢集団に偏りがないような配慮もなされた。

ほかの公共事業とは違って、ベーシック・インカム試験実施事業は、実施過程をどうするかも、その事業結果の責任も、すべて自分たちにまかせられていた。コミュニティの人々は、それを実感していた。村人たちは、この事業については自分たちが信頼されており、個々人や広くコミュニティ全体の生活に対して、可能な限り最善の影響を与えることが求められていることを感じていた。ベーシック・インカムのような無条件の普遍的な現金給付というものは、定義からして、給付金をどう使うかは、受給者の自由である。コミュニティの人々は、最初から、自分たちが、ベーシック・インカムのようなやり方が成功するかどうか決定する機会を与えられたことを理解した。給付金受給者全員にとって、ベーシック・インカム試験実施事業の成否が自分たちにかかっていることは、はっきりしていた。

そのベーシック・インカム委員会の活動指針によれば、自分たちは、「大きな目的をもった、小さな事業」に参加していた。「その目的とは、最初はオミタラの『暮らし』を引き上げ、ついでナミビア全国、そしてアフリカ全土、さらには全世界にまで広げることだ」（ベーシック・インカム委員会『２００７年の活動指針』より）。

２００７年9月、ベーシック・インカム委員会は、厳格な運営指針を発展させ、委員会と個々の委員の任務を明確にして、高度の基準をもつ組織となった。委員会は、数名の「監督官（Control officer）」を任命した。「監督官」という名称は、人々にあまりよくない印象を与えるかもしれない。けれども、たとえば「助言者（advisor）」といった弱めの名称では、あまり効果がないことがわかっており、任務の深刻さを印象づけるためには、この名称でなくてはいけないと、委員会は説明した。「監督官」は、給付金を最大限に有効に用いるために、コミュニティの人々を教育し、人々の意識を高め、実行する力を身につけさせるという任務をもつ。「監督官」は、あれこれのやり方で給付金を使うように強制するのではなく、人々が自らさまざまのやり方に気づくように助言を与えるのである。

委員会は、アルコール中毒の問題が広がっていることをよく知っていた。そして、試験実施事業の期間中に、この問題に特別の注意を払うべきこともわかっていた。したがって、村の簡易酒場の主人たちが委員会に加わり、互いに助言し、協力して、この問題に対処するように求められた。それは、給付金が支払われる当日には、簡易酒場を閉店することに、村のすべての簡易酒場が同意するという形で実を結んだ。アルコール中毒とどう闘うか、という問題は、最初から公然と議論され、コミュニティの人々の動きとともに、取り上げられた。

試験実施事業の開始以前でさえ、オチベロ・オミタラで、コミュニティの人々の強力な動きが発生したのは壮観であった。1月になってからの給付開始が成功したことで、コミュニティの人々とベーシック・

インカム推進連合との間に、確固とした信頼感が生まれた。村のベーシック・インカム委員会のすばらしい組織と働きのおかげで、推進連合と、オチベロ・オミタラのコミュニティの人々との間で、協力や意思疎通の点で問題が生じたことは、ほとんどなかった。

推進連合と影響評価研究チームは、村の周辺部の商業的農業に従事する農場主たちと接触を試みて、試験実施事業とオチベロ・オミタラの発展についての見解を得ようとしたことも銘記しておきたい。けれども、試験実施事業に積極的にかかわろうとする農場主は、いなかったのである。

●――依存か尊厳か？

ベーシック・インカム給付推進連合とオチベロ・オミタラのコミュニティの人々は、ベーシック・インカムに対して原理的に反対する人々からの批判にも立ち向かわねばならなかった。6カ月経過後の調査報告書で示したような結果が、賛否を問う議論に役立つことが期待されていた。そして実際そうなった。けれども、およそ実証的なデータを受け付けないかのようにみえる、純粋にイデオロギー的で感情的な水準の議論もあった。

その批判の中心にあるのは、次の二つの考えである。第一に、現金給付は、人々に、無責任な権利を与えるものだから、よくない、というもの。第二に、貧乏人は、お金を賢く使う方法を知らない、というものだ。試験実施事業の記者会見の前日に、推進連合は、このような議論の典型的な電子メールを受け取った（2008年11月2日）。

メールの送り主は、そのメールが、記者会見の場で読み上げられて、議論に役立つようにと望んでいたので、ここで引用しておこう。

「ベーシック・インカム給付試験実施事業」にかかわるすべての人々へ……〈中略〉

「ベーシック・インカム給付」の基本的な考え方は、我が国の貧困を削減し、恵まれない境遇にある人々のためによりよい未来を創りだすための闘いという点では、賛成できる。しかし、およそ生まれてこのかた、責任と規律と尊重の念をもってものごとを執り行うという経験を一切、――しばしば数世代にわたって！――もたないような人々に、そんなことが期待できるだろうか。われわれとは違って、麻薬とアルコール漬けになった女性や子どもの中毒患者がうようよいるような、貧困に打ちのめされたコミュニティで、いったい何が起こっているかわかっているはずだ！　そこには、横になって寝る場所もなく、食事も、愛も、基本的な生活に必要なものさえない。そんな人々が、見返りとして何の行動を求められることも、何の恩恵も感ずることなしに、ただでお金をもらって、責任をもってお金を使ってくれるなどと、あなたたちは期待しているわけだ。歴史のどこを見ても、原住民たちを含む交易では、次のことが原則だった。「あるものをあげる。そのかわりに、あるものをよこせ」……〈以下略〉

この主張を支える暗黙の人種差別主義的（それはあまりに普通のことになりすぎているが）な仮定を度外視すれば、このような議論を煎じつめると、次のような二つの偏見に満ちた主張になる。

第一に、ナミビアの貧しい人々は、極度の貧困に打ちのめされており、自分たちの生活を向上させるために合理的な支出の決定ができないという主張である。しかし、オチベロ・オミタラの調査結果は、このような主張に直接答えている。貧しい人々は、お金を賢く使った。子どもの栄養失調が劇的に減少した。学校の授業料や診療所の診察料が支払われるようになった。人々の住む家が改善された。所得を得ることができるような事業活動が増加した。さらにこのような「二次的な」経済効果を通じて、受給者以外の人々の生活が向上した。コミュニティの人々が、自ら組織化して、試験実施事業を成功させる助けをしたことも観察された。いいかえれば、ベーシック・インカム給付試験実施事業は、貧しい人々が、十分に信頼に値する人々であって、およそ価値あることのできない存在などではなく、自分たちのために正しい決定を下すことができることを証明した。貧しい人々は、たしかに、自分たちにとって優先的に必要なことは何かをわきまえている。

第二の主張は、ベーシック・インカム給付が、見返りに何も求めずに人々に与えるという悪い考えに基づいているというものだ。ベーシック・インカム給付がこの点では、革新的なものであることをわれわれは認めるが、同時に、その個人的、社会的な便益は非常に大きいと主張したい。

●――ベーシック・インカムが回復する尊厳と社会的責任

貧しい人々が、無条件の給付金を賢く使うと信頼することで、人々は尊厳を取り戻し、政府が管理するやり方では決してありえないような形で、人々を力づける。

また、対象者を限定し、条件付きで導入される計画では、役人の配置と事務仕事が必要となり、概して大量の資金を飲み込んでしまう。それがなくなることは、資金の大きな節約になる。

実際に、人々にベーシック・インカム給付を実施することは、人々の物質的な生活環境を改善するだけでなく、人々の尊厳を取り戻し、社会的に責任のある行動を促すと主張できるような強力な実例がある。オチベロの住民のジョナスさんは次のように語った。

全体としてみれば、ベーシック・インカム給付は、この村に命をもたらしてくれた。だれもが、食べるのに必要なお金を得られるようになったので、もう昔のように、人がやってきては、食べ物をくれとせがむありさまを見ることもない。はっきり言えることは、村人が、人間としての尊厳を手にして、責任ある人間になったたっていうことだ。

試験事業実施後6カ月の調査の間に、調査員のP・ハリセブ牧師が観察したことは、このような住民の見解を裏書きしている。

事例研究の聞き取り調査をしながら、私は、試験実施事業開始後6カ月の間に、オチベロの人々が、人間としての尊厳を回復してきたことをあちこちで観察しました。人間としての尊厳を取り戻すことで、人々は、より責任ある行動をとるようになります。すなわち、人々の住環境が清潔になり、子どもから年寄りまで、みんなの服装がこぎれいになってきました。なんともすばらしい変化ですよ！

●――人とコミュニティが貧困の悪影響から解放される

ベーシック・インカム給付試験実施事業の経験は、普遍的な現金給付が、人々とコミュニティを、個人としても集団としても、消耗させ、破滅させる貧困の影響から解放したことを示唆している。

オチベロ・オミタラに住む多くの住民が、以前は、食べ物をもらい歩きながら、かろうじて生き延びてきたと語っている。そんな状態は、根本的に人々を恥じ入らせるものであり、普通の社会的なつきあいをし、コミュニティでの人間関係を作り上げ、そして、実際に同じコミュニティの一員だという精神を培っていく能力を人々から奪ってしまった。

ベーシック・インカム給付金は、この状態を劇的に変えた。物乞いは基本的になくなり、人々は、今や物乞いに来たのではないかと疑われる恐れなしに、お互いに自由に訪問し合ったり、話し合ったりできるようになった。村の人々、影響評価の調査員や推進連合の活動家の観察から判断すれば、試験実施事業開始後の1年間に、人々の間で、より強いコミュニティの精神が育ってきたといっていいだろう。

同様に、その年の初めに小学校の授業料が支払われた際に、人々に自負と責任の精神が芽生えたことが明白になったといってもいいだろう。その一例は、自分の娘の授業料を、初めて支払うことができた、母親なしで娘を育てる父親だ。彼は学校にやってきたが、教師は、彼がだれであるかさえもわからなかった。というのも、授業料が支払えないために、彼は常に学校との接触を避けてきたからだった。支払いのとき、彼は誇らしげに言った。

そうさ、俺の子どもの分の支払いをしたいんだ。俺が学校に払ったんだから、うちの娘がしっかり勉強することは、俺が請け合うよ。

どのようにして彼のこの発言が出てきたかに注目してほしい。ベーシック・インカム給付ではなく、彼が、授業料を支払っていたのだ。お金をそのように使うことは、ほかならぬ彼の選択だったというまさにそのことゆえに、彼は高められた尊厳を示した。つまり、自分の娘がしっかり勉強することでその出費が正当化されることを請け合う、という責任を示すことができたのである。

ベーシック・インカム給付金の支払いではなく、この事業が、事業資金から授業料を支払うという、目的を限定した家父長的温情主義（パターナリズム）のやり方を採用していたら、この父親が手にした精神的な利益が観察されることはなかっただろう。これはまた、無条件の現金給付がもつ、個人と社会に働きかけて現状を変える力を示す、別の例だといえる。

ベーシック・インカム給付に対するさまざまな反対論のうちの1つは、給付金がアルコールに使われてしまうからだめだ、というものだった。ナミビアのどこでもそうであるように、オチベロ・オミタラにもアルコール問題がある。

オミタラの雑貨商兼酒類販売店主のケーラーさんは、ベーシック・インカム給付のせいで、アルコール問題が悪化したという。

第6節　アルコール

ベーシック・インカム給付が始まってからの私の経験では、村人は、ある程度の食料を買って、それでもお金が残れば、アルコール飲料を買いますね。ベーシック・インカム給付の支払日になると、村人はまず店でパンを買い、それから酒屋にかけつけて、クラブ・ゾルバ、それはこのへんじゃ有名なだれでもイチコロの強い酒ですけどね、そいつを買うんですよ。もし私が売らなきゃ、連中は簡易酒場に行って、20％の高値でその酒を買うでしょうね。ベーシック・インカム給付が始まる前は、村には8つの簡易酒場があって、そのうち1つだけが正式の認可をうけた酒場で、あとはもぐりでした。それが今じゃ16ですよ、この居住区内に。ベーシック・インカム給付の支払日の後には、そういうところで何箱も買い込む人がいてね。そういう連中は、後でその酒を自分の家の裏口からこっそり売るんですよ。

●——アルコール中毒、簡易酒場は増加せず

ケーラーさんは、ベーシック・インカム給付金支払日に、自分の店での酒類の販売量が増えたことをもって、アルコール飲料の販売量が全体として増えたとみなしてしまっている。実際には、ケーラーさん以外の酒類販売店主は、コミュニティのリーダーたちに説得されて、ベーシック・インカム給付金支払日には店を閉めていた。ケーラーさんの店だけが、その要請に応えなかったのである。ケーラーさんの店の売上げが若干増加したのは、いつもは彼の競争者たちによって充たされてきた需要のわずかの部分を、彼の店が拾い上げたというだけのことだったのである。

さらにわれわれの調査によれば、簡易酒場の数が増加したという証拠も、既存の酒場の売上げが増加したという証拠もない。ある簡易酒場の主人は次のように言う。

> 簡易酒場の数が増えたなんてことはありませんよ。実際には、かつて8つだったが、今じゃ7つになってるんです。人々が食料を買わずに、お金をアルコールに回しているだけだ、っていうことを言ってる人がいることを、私たちは知ってますよ。でもそれは、ほんとじゃないんです。たしかに、どうしようもなくなっちゃったような場合も少しだけありました。でもそれは、最初の給付金支払日のときに起こっただけです。まあ言ってしまえば、お金がもらえるっていうことで、舞い上がってしまった人がいたわけです。でもそんなことがあったので、（ベーシック・インカム）委員会が招集されて、さらに村人たちとコミュニティの会合をもったのです。それ以後は、二度とそういう問題が起こることはありませんでした（アダムさん、2008年7月）。

この発言内容は、地元警察署でも確認された。最初の給付金支払日に起こったような問題は、それ以後

は起こらなかったというのである（警察署には、最初の給付金支払日に起こったけんかについての記録がある。それは、オチベロ・オミタラに住んでいないものどうしの紛争だった。警察署では、その再発はなかったとしている）。とはいえ警察は、村でアルコール中毒が増加する可能性を危惧していた。このような危惧は、住民の１人からも支持されている。

まだ酒を飲む人はいるし、そういう人たちは、私がしたような禁酒をする気はないんです。でも（ベーシック・インカム給付の開始以後）、変わったことはたくさんあります。だれでも少なくとも食料だけは手に入れることができるんです。給付金支払いがあると、私たち村人は、みんなゴバビスの町に出かけて、どっさり食料を買い込むんです。だから列車はいつもオチベロからの人でいっぱいですよ（ハーマヌスさん、２００８年7月）。

アルコール中毒は、ナミビアのどこのコミュニティにもあるように、オチベロ・オミタラ村にもある。ベーシック・インカム給付は、その問題を解決することはできない。だが、逆に問題を悪化させるという証拠もない。

とはいえ、ベーシック・インカム委員会の結成、そして給付金をアルコール飲料に使って浪費してしまう可能性に関する議論は、コミュニティの内部での意識を高めるきっかけとなった。委員会には簡易酒場の主人も委員として入っており、アルコール中毒に関する議論は、オープンに行われている。これは、大きな進歩であり、アルコール問題と取り組むための正しい方向への第一歩とみなすべきである。

第7節　犯罪

社会の状態を示す重要な指標は、犯罪のレベルである。ある種の犯罪は、本質的に、経済的なものである。この種の犯罪としては、第10節で後述するヨハンネスさんの話に出てくる密猟のように、飢えて食料を求める絶望的な行動から、窃盗や詐欺に至るものまでがある。

ほかの犯罪、すなわち、暴行、刑事上の加害行為、無謀運転、器物破損、偽証などは、本質的により一般的なものであって、明確にあるいは必然的なものとして、経済状態と関連づけることはできない。

この地域には、常に犯罪が絶えることがなかった。２００７年11月の警察署長へのインタビューによれば、この地域で典型的な犯罪は次のようなものだった。

犯罪行為といえば、たいてい密猟と暴行、押込み強盗です。なかでも密猟は、もっともありふれた犯罪です。このような犯罪行為の原因は、貧困と失業です。オチベロという地域は狭いところで、ここに収入源はありません。ただ生き延びるために、ほとんどの人が狩猟か、密猟をするのです。貧困と失業のせいで、村には、犯罪がはびこり、アルコール中毒が広まり、簡易酒場がどんどん増えています。ごらんのように、この居住区には、家と呼べるような家はありません。人々は、ドラム缶やテントの切れ端で作られたバラック小屋に住んでいるのです。

仕事はまったくなく、住民たちは生計を立てるために、ちょっとした事業を始めます。通常は、簡易酒場の経営が、ある程度のお金を稼ぐ唯一の方法なんです。もっとも、村の近くにナミビア電力会社のダムがあるのですが、そのダム湖で魚を釣って、魚を売る村人もいます。農場での仕事を探す人もいますが、このあたりの農場主は、オチベロの人は自分たちの農場で密猟をするといつも非難していて、オチベロの人を雇いたがらないのです。

このような問題は、診療所の看護師によっても、裏づけられている。

仕事も、食べ物も、どんなものであれ若者が楽しめるような活動も、何もないのです。村人たちは、とにかく生き続けるために、狩猟を行うか、近くの農場へ盗みに行くしかないのです。近くの農場へ仕事を探しに行っても、農場主たちは村人が泥棒だと思っているので、仕事はもらえません。オチベロの周りの農場主たちは、みんな親戚であるかのようね。そろって、オチベロのコミュニティを敵視して、オチベロ住民なぞだれも雇わないと決めてしまったみたい。

ベーシック・インカム給付推進連合は、ベーシック・インカム給付の導入によって人々の最低生活水準が保障されるために、経済的な犯罪が減少するのではないかと期待していた。そして、その期待は、現実のものとなった。

●——非合法狩猟と不法侵入など犯罪の劇的減少

オミタラ警察署から提供された公式記録によると、2008年1月15日（ベーシック・インカム給付が導入されたとき）から2008年10月末までの期間の犯罪は54件、ちょうど1年前の同じ時期（2007年1

図１　オミタラ警察署資料による犯罪件数の変化
ベーシック・インカム給付導入前（2007年1月15日〜10月31日）と
導入後（2008年1月15日〜10月31日）の比較

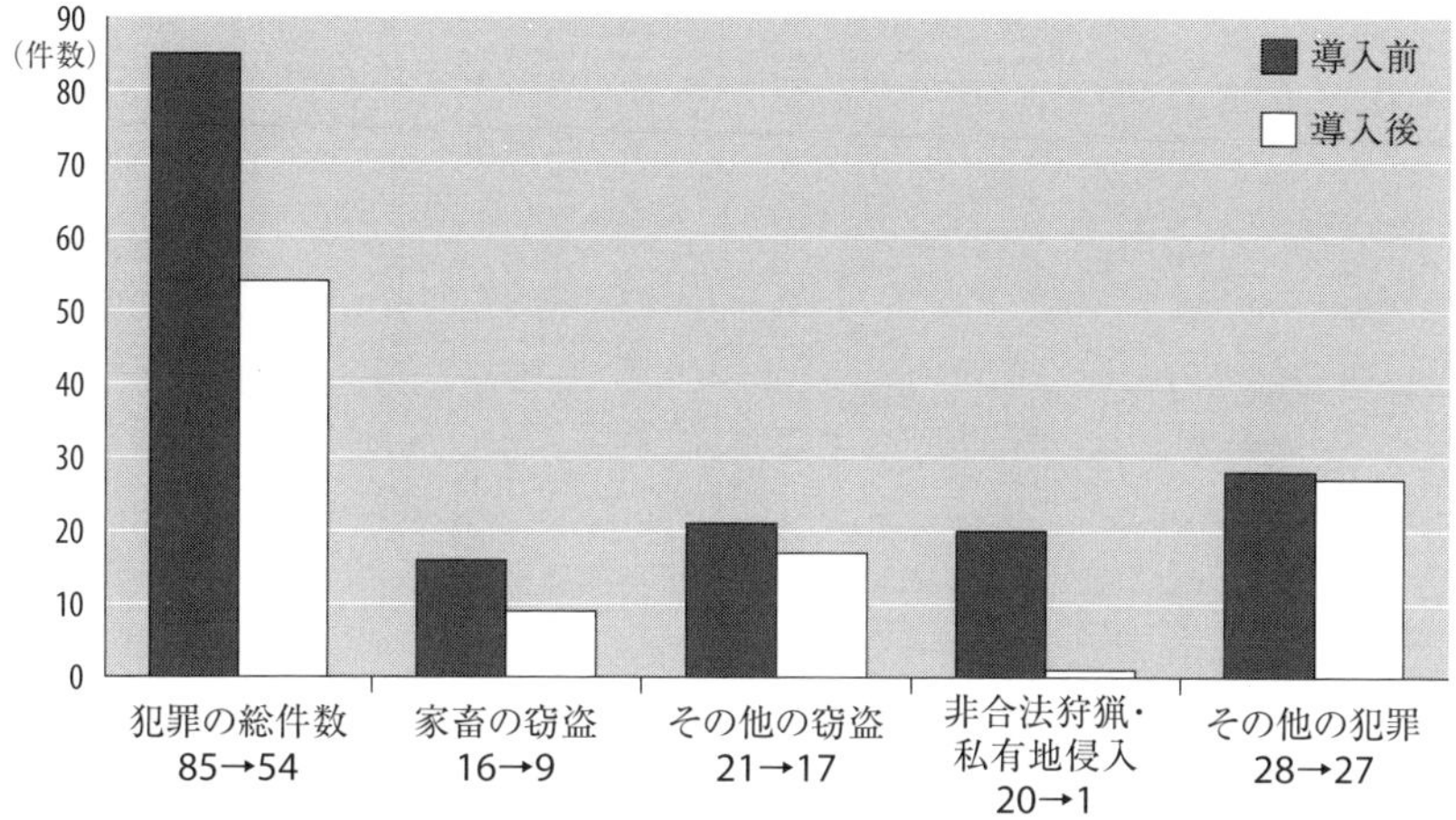

月15日〜10月31日）は85件だった。したがって、警察統計によれば、ベーシック・インカム給付が導入されて以後、犯罪の総件数は、36・5％低下したことになる。注目すべきは、この間、この地域へは、住民人口の27％という相当な数の人が流入し、居住人口の総数が増加しており、犯罪が増加しても不思議ではないにもかかわらず、犯罪の総件数が減少したことだ。

図1に示されているように、経済的要因による犯罪に分類される犯罪のカテゴリーはすべて、かなり減少した。

最も劇的に減少したのは、非合法狩猟・私有地侵入であり、報告件数は20件から1件へと、95％減少した。家畜の窃盗は43％減少し、そのほかの窃盗も同じ期間中にほぼ20％減少した。これら以外の非経済的要因の犯罪（脅迫、犯罪的権利侵害、無謀運転、無免許運転、銃器不法所持、偽証罪）の変化は、この期間では、統計上有意ではないが、それでも28件から27件へと減少した。２００８年４月にオミタラに赴任した新任の警察署長代理は、このような犯罪の減少傾向を認めている。

このような経済的要因の犯罪、さらに犯罪総件数の劇的な減少という変化は、われわれの調査の核となる情報提供者の言明からも証明される。基準線調査（つまりベーシック・インカム給付導入以前）では、オチベロ・オミタラの住民5人のうち4人が、過去1年間に犯罪の被害にあったと答えていた。その犯罪のほとんどが、窃盗のような経済的要因による犯罪であった。

ベーシック・インカム給付が導入されてから6カ月後には、犯罪の被害にあったと答えた人の比率は60％にまで減少した。しかもその犯罪のほとんどは、経済的要因による犯罪ではなく、住民どうしの不和に起因する犯罪であった。そしてベーシック・インカム給付導入の1年後には、犯罪被害を経験した住民は、さらに47％にまで減少した。

われわれの調査に協力してくれた人のほとんど（75％）の住民は、ベーシック・インカム給付導入以後、犯罪状況の変化に気づいたことを報告している。この点に関する多数意見を反映するかのように、2人の住民は、経済状況に関連する犯罪が著しく減少したと、次のように語った。

今じゃもう、飢えてるだの、食べ物をくれだの、そんなことをいう者はいなくなったね。泥棒事件もとにかく減ったね。トタン板を買って、家の修理をする者がたくさんいるんだ。家の修理には、木材を買うけど、その木材を盗むやつがたくさんいて困る、なんて話ももうないんだ。けんかや、酒のどんちゃん騒ぎも減ったね。今じゃ、けんかする者の話も、聞かなくなったんだ（ヨハンネスさん、アドルフィネさん、2008年7月）。

もちろん、ベーシック・インカム給付がすべての犯罪を消失させたわけではない。暴行事件はいまだに残る問題であり、窃盗のような経済的要因による犯罪も、低いレベルではあるが、いまだに発生し続けている。けれども重要なのは、ベーシック・インカム給付が、自暴自棄からくる犯罪（密猟、不法侵入、ちょっとした窃盗）を、著しく減少させたことである。そして、その結果、コミュニティにおける人々の生活の質を、全体として向上させたことだ。

第8節　貧困水準

毎日の暮らしといえば、とにかく子どもたちに食べ物をあてがってやるための闘いよ。私の子どもたちが、学校に行けないでいるのを見ると、ほんとうに心が痛むわ。お金がないので学校へ戻してやれないっていうことがわかっていながら、どうしようもなくって。ただ耐えるしかない親の苦しみって、とても我慢できなくって。ほんとうに落ち込んでしまうの（ウィレミナさん、２００７年11月）。

ウィレミナさんのような声は、ベーシック・インカム給付を導入する前のオチベロ・オミタラの貧困の深さを証言するものだ。ここでは、ベーシック・インカム給付以前の貧困の深さと広がり、そして導入後の変化について描いてみたい。

ナミビア政府は、国家計画委員会（National Planning Commission）を通じて、全国的な貧困線を『ナミビアにおける貧困と不平等の概観（A Review of Poverty and Inequality in Namibia）』（NPC, 2008: 2-3）という最新の刊行物で提示した。政府は、基本的ニーズ費用（ＣＢＮ）アプローチに基づく、ナミビア国内のどこでも比較可能なものと設定された絶対的貧困線の採用を推進している。その貧困線は、次のように3つの異なった貨幣水準で設定されてきた（国家計画委員会は2003年4月の貨幣価値で表示していたが、その後、消費者物価指数を用いて補正されて使用されている。ちなみに、2003年4月当時の貨幣価値では、食料貧困線127N$、下限貧困線185N$、上限貧困線262N$となっていた）。

1　食料貧困線。1カ月1人当たり152N$。
2　下限貧困線。「極めて貧困」。1カ月1人当たり220N$。
3　上限貧困線。「貧困」。1カ月1人当たり316N$。

次の2つの図は、オチベロ・オミタラ村で、極めて貧困と定義される人々を示すために必要な、食料貧困線と下限貧困線とを表わしている。図2は、全世帯を対象とするもので、図3は、移入民によって実質的な影響を受けた世帯を除いたものである（本章第4節の移住の項を参照）。

●――2007年、住民の86%が極貧層

図2は、ベーシック・インカム給付の導入以前の2007年11月に、オチベロ・オミタラ村住民の86%が下限貧困線以下、すなわち「極めて貧困」とみなされる人々であったことを示す。この貧困水準は全国平均よりはるかに高い。全国平均は、国家計画委員会が2003年4月の家計調査に基づいて計算したデータによれば、13・8%となっていた。オチベロ・オミタラ村民の76%という膨大な数の住民が食料貧困線にも達しないということは、子どもの栄養失調の大量発生を説明してくれる（本章第9節の子どもの栄養失調の項を参照）。

図２　全国基準での貧困線以下の村民の比率の推移（調査対象の全世帯）

	2007 年 11 月	2008 年 7 月	2008 年 11 月
下限貧困線（極めて貧困）	86 %	65 %	68 %
食料貧困線	76 %	42 %	37 %

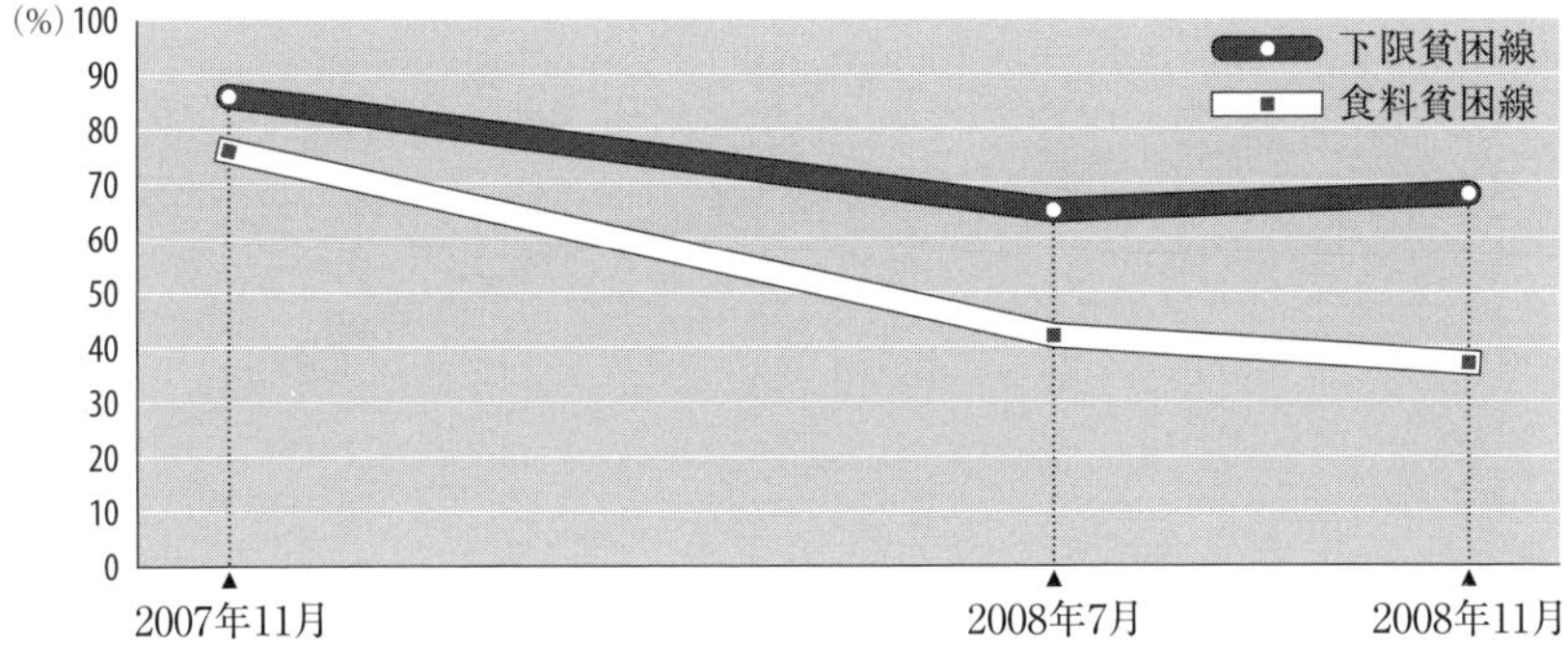

ベーシック・インカム給付とそれに付随する経済効果によって（本章第12節の所得に関する項を参照）、その1年後には、極めて貧困な住民は68％に、食料貧困線以下の住民も37％にまで減少した。

食料貧困線以下の住民は、調査期間を通じて減少し続けたが、下限貧困線以下の住民の比率は、2008年7月から11月の間に、わずかではあるが、3％の増加を示した。次に示す図3は、その理由が住民の移動にあることを示している。

●――移入の影響を除けば、飢餓住民は、16％に

図3は、移入民の影響を受ける世帯を除外して集計すれば、下限貧困線以下の比率も食料貧困線以下の比率も、一貫して減少していることを示す。ベーシック・インカム給付とともに、移入民の影響を受けない世帯における食料貧困線以下の層の比率は16％にまで減少し、極めて貧困な住民の比率は、43％にまで急落した。

ベーシック・インカム給付がナミビア全土で導入されるものとすれば、この図3こそが、ベーシッ

図3　全国基準での貧困線以下の村民の比率の推移
（移入民の影響を受けている世帯を除く）

	2007年11月	2008年7月	2008年11月
下限貧困線（極めて貧困）	97％	76％	43％
食料貧困線	72％	24％	16％

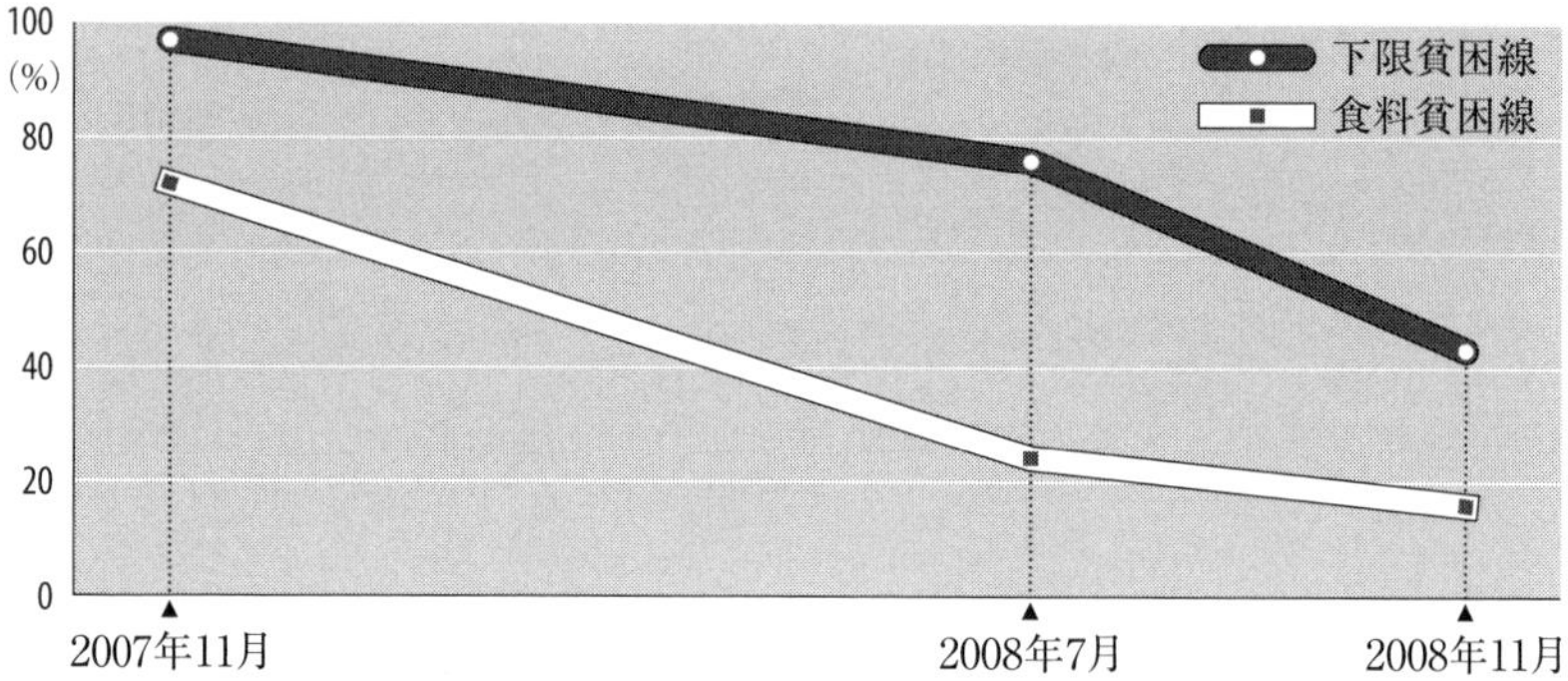

ク・インカム給付の効果を適切に示すものである。その場合には、「ベーシック・インカム給付の実施区域」への移住は起こらないはずだから。

食料貧困線以下の人々の比率が72％から16％にまで減少したことだけでも十分に明らかだが、さらにそれを裏付ける事例研究での人々の発言は、ナミビア全土でのベーシック・インカム給付の実現が、貧しい人々にとって何を意味するかを物語っている。

第9節　飢餓と栄養失調

●――給付前、住民世帯の73％は食事不十分

2007年11月、オチベロ・オミタラ住民の栄養状態は最悪だった。住民世帯の73％は、いつも十分な食事をとれるとは限らないと答えた。30％は、毎日のように十分な食事がとれないとし、39％は、少なくとも1週間に1度は、そうなると答えた。食事が十分にとれない状態を経験したこ

とがないと答えたのは、20％だけだった。

どのように対処したかを問えば、半分（48％）は、食べるものがなくなれば、オチベロ・オミタラ村内に住む友人や親戚を訪ねて食べ物をもらい、18％は、村外に住む友人や親戚のもとを訪ねると答えた。村の診療所の看護師は次のように観察している。

村人たちは、生き延びるために、お互いどうしで、貸し借りをし合うのよ。みんなが、自分以外のみんなから、借りるわけね。それがここで生き延びるやり方なの。だれかが砂糖を買ったのを村人が見るでしょ、そうするとすぐさま、砂糖を貸してという人が殺到するわ。だから砂糖は、あっというまになくなってしまうの。砂糖も隣人たちの間で、分かち合わねばならない、っていうわけ。

オチベロ・オミタラの別の住民は、食べるための日々の闘いについて、次のように言う。

私は、叔母とその家族と同居していて、合わせて15人の世帯です。それなのに、まともな収入を稼いでいる人は1人もいない。だから、みんなで食べ物を手に入れるのに四苦八苦の闘い（zula）です。とにかく、食べるものが、まったくないんです。

十分な栄養を摂取することは、人間にとって、とりわけ子どもの健全な生活には必要不可欠だ。２００７年11月に、村の栄養状況を説明しながら、村の診療所の看護師ムバングさんは、村人の苦しみを次のように描き出してくれた。

私が見た赤ちゃんは、ＨＩＶ陽性なのに、ミルクや食べ物のかわりに、砂糖水をあてがわれていたのよ。その子はちょうど生後1カ月なの。その子の母親は母乳が出なくって、母乳をやれないだけでなく、自分が食べるものさえないの。今朝、その母親は、姉が住み込みで働いている大農場まで歩いていったわ。トウモロコシ粥の食事をごちそうになるためだけにね。そういう状態の赤ちゃんはたいてい低体重になっちゃうの。そうなると、赤ちゃんは、ゴバビスまで連れていかなければならないの。体重の低い子は村にはたくさんいるけれど、ＨＩＶ陽性の子どもにとって、低体重は、特に問題なの。どこか村の外に仕事をしている親戚がいて、お金かトウモロコシ粥の粉を送ってもらっている村人もいるわね。でも、そうじゃないほとんどの村人は、何も食べずに寝ているだけで、子どもたちも、とにかくおなかをすかせているわ。自分が何をすればいいかもわからないし、子どもたちに食べさせるためにどこで食べ物を探せばいいかもわからない。

この悲惨な状況は、次に示す村の子どもたちの年齢に応じた体重を調査した驚くべき統計に明らかだ。ベーシック・インカム給付は、このような状況を劇的に改善する助けとなった。それは疑いもなく、われわれの調査による最も重要な発見の一つだ。

子どもの栄養失調（年齢に応じた体重分布）

適切な栄養を摂取している住民の場合に予想される「年齢に応じた体重」比の分布を、世界保健機関（ＷＨＯ）が提供している。これを基準として、オチベロ・オミタラ村の子どもの年齢体重比の分布をＷＨＯ資料と比較し、年齢に応じてどのくらいの子どもが低体重で、どのくらいが過体重かを示すことができる。

●——給付前、子どもの42％が低体重

生まれつきほかの子どもより重め、あるいは軽めの子どもたちがいるので、WHOは、年齢体重比の一定の範囲内を「正常」と見なしている。そのWHO範囲の中央値（メディアン）よりも著しく低い子どもだけが「栄養失調」と分類され、中央値よりも著しく高い子どものみが、「過体重」と分類される。WHOは、年齢に応じた低体重あるいは過体重の子どもを分類するために、「標準偏差ユニット」すなわち（平均正常分布からの偏差を標準化する）「Zスコア」を用いている。この方法を用いれば、Zスコアが0の子どもが、WHO基準での、年齢に応じた正常な体重の子どもということになる。Zスコアが1からマイナス1の子どもは、中央値よりも重いか軽いかを示すが、この範囲ならば、健康な子どもの多様性を示す正常な分布として、問題とは見なされない。けれども、Zスコアがマイナス1より小さい子どもは、深刻な栄養失調になりつつある子ども、マイナス2よりも小さい子どもは、確実に栄養失調と見なされる。同様に、Zスコアが2以上の子どもは、不健康な過体重であると見なされることになる。

オチベロ・オミタラでは、2007年11月の体重測定の結果（子どもたちの身体測定のデータ収集は、自発的な協力者を対象とし、対象者の子どもたちに診療所にやってきてもらい、しかるべき訓練を受けた看護師が測定した）、村の子どもたちの42％が栄養失調だった（Zスコアがマイナス2以下）。

これは、（5歳以下の子どもの24～30％が栄養失調であると報告されている）ナミビアの平均よりも、著しく悪い（国連開発計画の『人間開発報告』2007／8年版は、ナミビアの子どもたちの24％が栄養失調だとしており、The Namibian紙2008年2月28日付けによれば、まだ公表されていない2006年の数値は30％とされている）。この数値はさらに、WHOが栄養失調の蔓延と見なす30％をはるかに超えており、WHOの分類のなかでは最悪のカテゴリーに入る。このような子どもたちのほとんど（82％）は、2～3歳だった。

要するに、年齢に応じた体重と身長の測定結果は、オチベロ・オミタラの子どもたちの状況が、悲惨そ

のものだということを示していた。これは人類にとっての悲劇である。なぜなら栄養の欠乏によって5歳以下の子どもが受ける肉体的損傷は、生涯にわたって、回復不能だからだ。それはまた、経済と社会全体の発展にとっての災厄でもある。なぜなら、子どもの栄養欠乏によって、人的資本の発展が妨げられ、将来の経済発展も妨げられてしまうからだ。

栄養状況の変化の分析には、移入民の影響に注意することが重要だ。なぜなら相当数の移入者を受け入れた世帯（たとえば、3〜11人の移入民の受け入れ世帯）の子どもは、たいていの場合、一定期間後に生活水準の低下を経験することになってしまうからだ。この試験実施事業でのベーシック・インカム給付は、移入民も含めてひとりひとりに支払われるわけではないのだ。したがって、まず、移入民をあまり受け入れていない世帯、次に、3人以上の移入民を受け入れている世帯に分けて、子どもたちの変化を分析した。

子どもの栄養失調

ベーシック・インカム給付の開始後わずか6カ月たって、5歳以下の子どもの栄養失調は、劇的に改善された。栄養失調の子どもの割合が42%から17%に下がったのである！　1年後には、継続して私たちの研究対象となった世帯の同年齢集団からは、Zスコア2以下の子どもはいなくなった。すなわち、栄養失調の子どもがいなくなったのである。

とはいえ、この結果の扱いは若干の注意を要する。なぜなら、1年間継続して追跡調査できる子どもたちの数は、移住のために減少していたからである。このことは、必然的に、時系列で分布を比較する場合の標準的な誤差を増やすことになる。けれども、村の診療所は、2007年から現在まで、7歳以下のすべての子どものデータを収集していた。そこで、次に見るように、そのデータに、5歳以下の子どもだけ

図4　年齢に応じた体重のZスコア
WHOの標準、ベーシック・インカム給付以前と以後
（それほど移入民を受け入れていない世帯の子どもたちを対象）

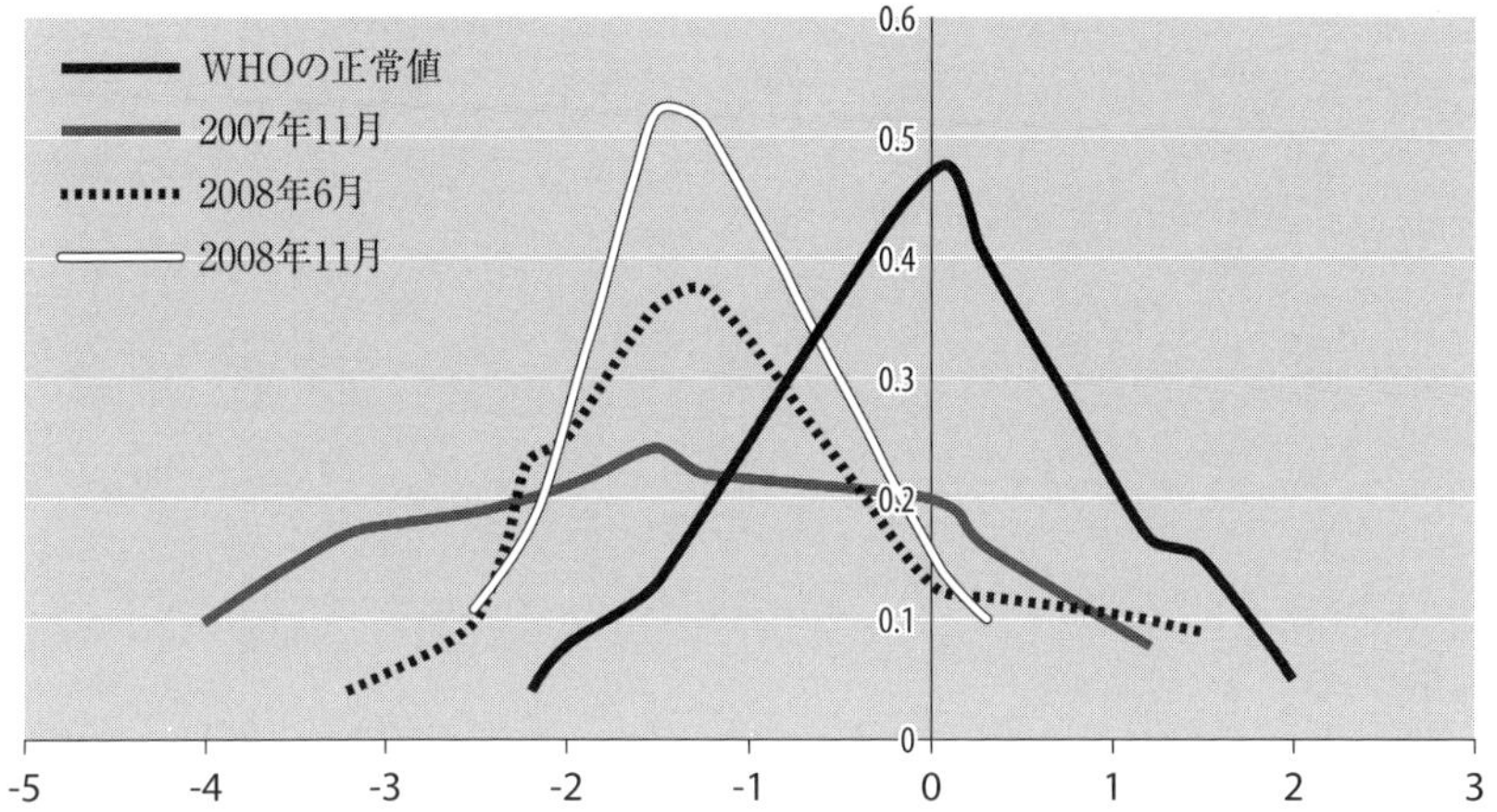

を基本とするわれわれの調査データを組み合わせて検討することができる。

図4は、年齢に応じた体重の分布が、時とともに、より「正常な」ものとなっていき、栄養失調の子どもの比率が下がっていったことを示している。二標本のコルモゴロフ＝スミルノフ検定（Zスコアの分布の間の顕著な違いを分析する）は、最初の6カ月間に起こった変化と、1年間に起こった変化とが、統計的に有意（95％のレベル）であることを確証している（波1と波2、波1と波3の間の偏差検定のためのp値は、それぞれ0・019と0・015であった）。

●――子どもの栄養失調は、42％から半年後17％、1年後10％に

横軸のゼロを頂点として1つだけ右寄りになっている山形の曲線が、WHOが示した、年齢に応じた体重の正常な分布を表す。横軸のマイナス1・5あたりを頂点とする左側に寄った山形の3つの曲線のうちでは、頂点が最も低い曲線が、ベーシック・インカム導入以前、42％が栄養失調であったと

きの子どもたちの栄養状態を示している。中間の高さの曲線は、ベーシック・インカム導入後、たったの6カ月で栄養失調の子どもが、17％に減少したという、ベーシック・インカム導入による直接的で劇的な変化を示している。そして、最も高い頂点をもつ曲線は、さらに10％にまで栄養失調の子どもが減少した２００８年11月までの子どもたちの栄養状態を示している。

栄養状態による子どもたちの違いの分布の大きな推移は、ベーシック・インカム給付が導入されて6カ月で起こったことは明らかである。1年後の結果は、この発展方向を確証して、さらに強化したのだ。繰り返すが、ベーシック・インカム導入によって、栄養失調の子どもの比率は、２００７年11月の42％から、1年後にはわずか10％となったのだ。

これは、まれに見る社会開発分野での偉業である。なにしろ、貧困家庭にもれなくこのような小額の現金給付を与えるだけで、子どもの栄養状態が、直接的かつ劇的に改善されることが明らかになったのである。

相当数の移入民を受け入れた世帯

調査期間の後半の6カ月の間に、相当数の移入民を受け入れた世帯で暮らす子どもたちについてみることも重要だ。このような世帯では、栄養失調の子どもの比率は、２００７年7月には22％にまで減少したが、残念ながらその後これに逆行する事態となり、２００８年11月には27％に上昇した。これは憂慮すべき傾向だが、同時に、世帯全体で使用可能な予算と子どもの栄養状況との間の直接的な相互依存関係を明らかにした。

オチベロ・オミタラの試験実施事業のように、移住の問題を考慮せずに、ベーシック・インカム給付金が移入民を除外して支払われるような状況では、もともと受益者として意図された住民の受益の度合いは、劇的に弱められてしまう。

たいていは拡大家族の一員であるような他村にいる貧しい人々は、絶望のあまり、とにかくお金のあるところに移り住んでしまうのである。同じような行動パターンは、老齢年金の使用方法に関する調査でも明らかにされている。老齢年金は、高齢者の福祉のためのお金なのだが、しばしば、家族の全員が、唯一の収入として、この老齢年金に依存して暮らす場合がある。高齢者には、この小額のお金を、子どもたちや孫たちと分かち合う以外に選択の余地がないのだ。

とはいえ、移入民をかかえる世帯を除外せずに、すべての子どもたちを対象として分析したとしても、2007年の基準線と、ベーシック・インカムを導入して1年後との間には、大きく、明確な改善があったことは確かだ。

第10節　健康状態

●——診療所の収入は5倍に

オチベロ・オミタラのようなコミュニティでは、栄養失調、貧困、健康状態の悪化、人間開発の欠如という悪循環に苦しんでいる。これらすべての要因はお互いにつながっている。ベーシック・インカム給付のような介入は、この悪循環を終わらせることになりそうだ。

2007年の状況は絶望的だった。貧しさのせいで、オチベロ・オミタラの住民の多くは、病気を治療する気さえなくしていた。村の診療所の看護師は、多くの村人は、4N$の診察費さえ払えないのだと説明した。

診療所では、それでも「ツケ」で村人の診察をするが、村人の多くは支払いできないのに診療所に行くことを恥じて、ほとんど来ないとも説明してくれた。その結果、村人は、ほんとうにひどい症状にならない限り、診療所へは来ないようになってしまった。

だから看護師は、ベーシック・インカム給付によって、村人の診療所利用、すなわち村人が診療所に診療費を支払う能力の大幅な改善を期待したのだった。

看護師のそのような期待が正しかったことは、すぐに証明された。2008年6月に診療所の看護師ムバングさんは、次のように報告してくれた。

私が気づいた大きな変化は、診療所への支払いね。村人は今じゃ、診察費を払えるようになって、それははっきり数字で現れているの。上の役所（保健・社会サービス省）はお金が入ってくるので、今じゃ大満足よ。

2008年の診療所の記録によれば、2007年初めのある月の診療所収入は250N$ほどだったが、2008年のベーシック・インカム給付導入後には、毎月ほぼ1300N$になり、収入は5倍に増加した。これは多くの住民が、診察費の4N$を払うことができるようになり、診察を受ける自分たちの権利を行使できることを心地よく感じ、診療所に治療に来たからにほかならない。診療所利用の増加は、異常な病気の蔓延や突然の伝染病発生によるものではなく（2007年11月から2008年7月までの期間に関するわれわれの調査対象世帯でも、病気の増加などの現象は認められない）、これまでまともな保健サービスを受けられないまま苦しんできた村人たちが、通常の健康上の不安に対して、まともな診察と治療を求めてきたためである。

村の国営診療所の看護婦ムバングさん。

●――よりよい栄養と保健サービス

2008年初頭のベーシック・インカム給付導入後、重度の下痢が減少し、それ以後に診療所を訪れた人々は、ほとんどが風邪や咳のような一般的な病気の治療だったと看護師は言う。

つまり、ベーシック・インカム給付導入後、オチベロ・オミタラでは、よりよい栄養とともによりよい保健サービスが受けられるようになり、生活の質が向上したのである。このことは、前述のように、HIVへの抗レトロウィルス剤の入手状況の改善とともに、大人と子どもの栄養状況の改善が、オチベロ・オミタラ住民の一般的な健康状態の改善を実現したとするわれわれの結論を支持するものだ。

HIVとエイズ……………………

その看護師は積極的に政府のHIV予防治療プログラムに参加してきた。彼女はHIV予防と安全なセックスの必要性について、コミュニティで教育活動を行ってきた。彼女は次のように述べた。

ＨＩＶ・エイズは、健康面でのオチベロ最大の課題ね。ここの人は働いてないわ。でも農場で働いている人は、オチベロに酒を飲みに来るのね。そのときをねらって、家に食べ物がなくなった人が、体を売りにくるわけね。でもね、２００２年１月に診療所が開設されてからは、ずいぶんよくなったわ。２００２年と２００７年では大きな違いがあるの。私たちはエイズについて、どうやって人はＨＩＶに感染するかを教育しているの。最初は、エイズって何かについてから説明しなければならなかったわ。村人は、はるか昔の時代に生きていたってわけね。今じゃ、村人もたくさんのコンドームを使うし、診療所にコンドームをもらいにくるようになったわ。私たちは村人に保健教育もやるの。今ではもう、性病（ＳＴＤ）もそんなにないわね。村にはＨＩＶ患者を援助するグループもあって、村人は、今じゃ、自分たちのＨＩＶの状態について、おおっぴらに話すようになったの。

●――抗レトロウィルス剤の妨げは貧困と交通不便

このような進歩にもかかわらず、依然としてＨＩＶ・エイズはオチベロ・オミタラの世帯へかなりの影響を及ぼしている。たとえば、過去2年の同村の死因の78％は、エイズに起因するものだった。抗レトロウィルス剤の入手も、貧困と交通手段が原因となって、しばしば困難となっていた。２００７年11月のインタビューで看護師は次のように語った。

ＨＩＶ陽性の人は，決まった日に抗レトロウィルス剤を受け取らなくてはいけません。それは毎月なんですが、その人たちは仕事がなくて、収入もありません。その人たちを手助けできる人もいません。私が唯一できることといえば、救急車を呼んで、その人たちをゴバビスへ連れていってもらうことだけ。ＨＩＶ陽性の人すべてが、抗レトロウィルス剤を使ってるわけじゃないんです。だって、ゴバビスへ行く交通手段がないんです。ここからゴバビスまでタクシーで往復すると、１００Ｎ＄くらいかかります。おまけにあの人たちは、おなかをすかせているのに、食べる物がないんです。

その看護師は、ＨＩＶ陽性の人々にとってのベーシック・インカム給付金の主な効果は、抗レトロウィルス剤を受け取りに、その人たちがゴバビスに行く手段ができることだと期待していた。しかし、すぐにそのような期待も不要になった。というのも、抗レトロウィルス剤を必要とする患者がオチベロで増大しているので、薬を届けにオチベロへ来てほしいというその看護師の訴えが聞き入れられて、２００８年3月から、医師が薬をもって村にやってくるようになったのだ。

●――ＡＩＤＳとともに生きる人の支えとなる

看護師は言う。

オチベロの人たちの抗レトロウィルス剤の入手状況は、改善されました。今は医師がオチベロへ来てくれますし、70Ｎ＄も払って、ゴバビスまで行く必要もなくなりました。なんとか行けても、どうやってあの人たちはオチベロへ戻ってくればいいのでしょう？　抗レトロウィルス剤は無料ですが、交通費が高いのが問題なんです。だから私は、ゴバビスの医師へお願いしました。医師は毎月薬をもって村まできて、薬の処方もしてくれます。

抗レトロウィルス剤を受け取る人は、２００７年末の3人から２００８年7月には36人にまで増加した。実に12倍の増加である。もちろん、これはナミビア政府保健省のナミビア全土での抗レトロウィルス剤普及活動のなかで実現したことだ。しかしながらオチベロ・オミタラの村人のなかには、ベーシック・インカム試験給付プロジェクトでこの村が注目を集めるようになった結果、やっと政府の普及活動がオチベロ・オミタラにも届いたのだという声もある。

ベーシック・インカム試験給付プロジェクトと政府の抗レトロウィルス剤普及活動の関係がどうであろうと、ベーシック・インカム給付金が、エイズとともに生きる人々にとって大きな支えとなっていることはいうまでもない。抗レトロウィルス剤を服用する人は、治療効果を得るために、十分な栄養を取る必要がある。ベーシック・インカム給付金は、そうした人たちに栄養状況を改善する機会を与えた。次の事例のように、ベーシック・インカム給付金によって、ＨＩＶ陽性の人の生活は、別の道筋によっても改善された。

CASE STUDY

ジョハネスさんの場合

ジョハネスさんはオチベロに住んでおり、ＨＩＶにかかって3年になる。２００７年、長女、そしてガールフレンドが亡くなったが死因がエイズだった。彼は失業しており、抗レトロウィルス剤を入手するために、どうやってゴバビスまで往復するかでいつも苦労していた。薬をゴバビスの病院に取りにいかねばならない日の前日、彼は狩猟を行った。翌日、ゴバビスに出かけねばならないその日、彼は、不法に狩猟したとして逮捕されてしまった。

２００７年11月のインタビューで彼は、次のように語った。

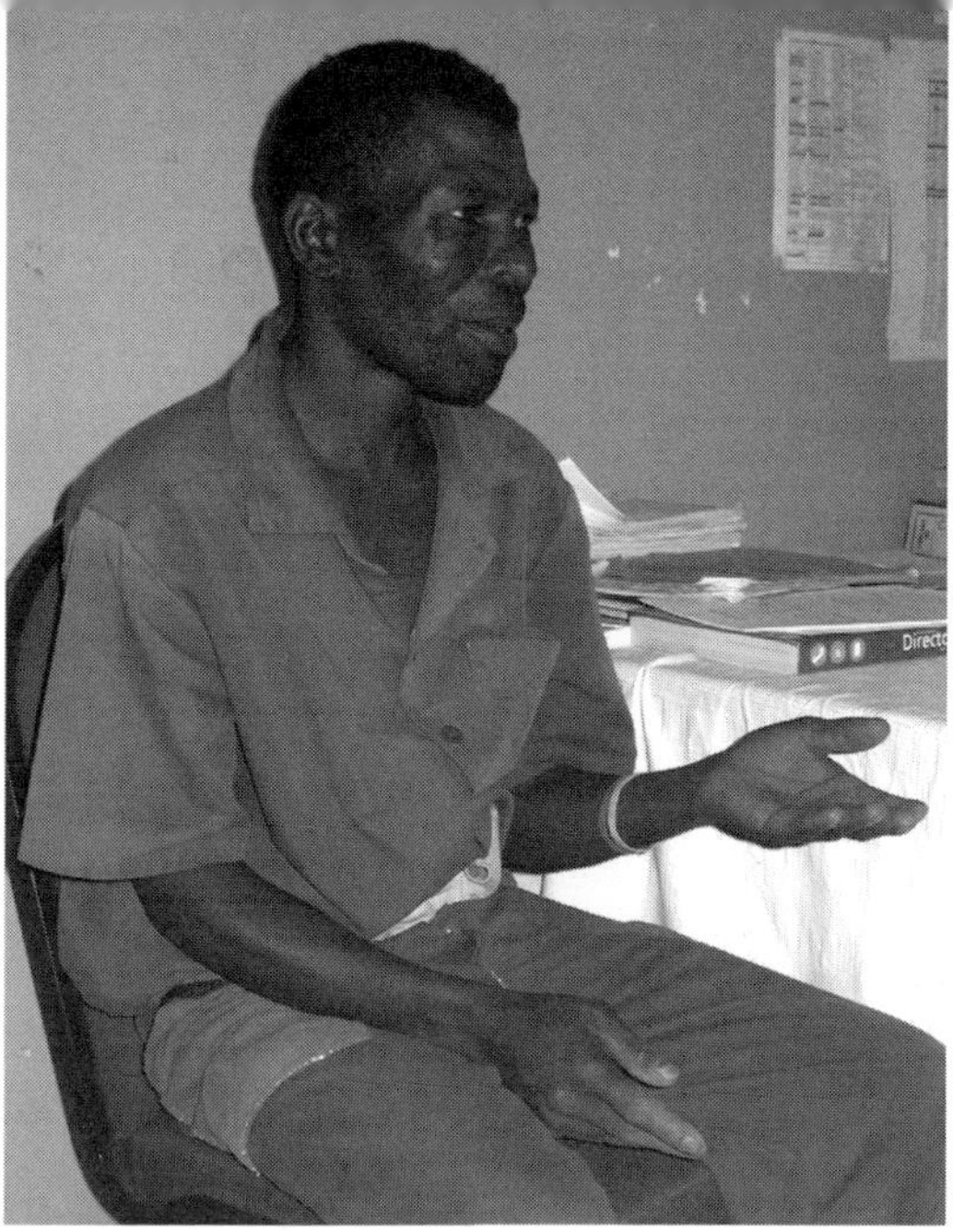
ジョハネスさん。2007年11月。拘置所にて。

私は両親がオチベロに来るずっと前からオチベロに住んでいます。私は43歳で、オミタラ・ホテルで働いていました。オチベロに来る前は、オミタラの近くにあるフンメルという農場で働いていました。同僚とけんかをしたことで、雇い主が私を追い出し、そのまま職を失ってしまいました。それから私はオチベロに来て、その後しばらくオミタラ・ホテルで働いていました。2年前にそのホテルのオーナーがホテルを売り払ってから、失業しています。２００４年に両親がオチベロへ来て、それ以来一緒に暮らしています。

私のガールフレンドが病気になってしまって、診療所の看護師に勧められて、私もＨＩＶの検査をしました。検査結果を信じるのはつらかったのですが、私もＨＩＶ陽性でした。ほんとうにショックでどうすればいいかわからなかったのですが、とにかく現実を受け入れるしかありませんでした。今年の初めからひどく具合が悪くなり、抗レトロウィルス剤の治療を受けるようになりました。でもオミタラ診療所では、抗レトロウィルス剤をくれず、その前段階の治療しかやってくれません。だから、薬がなくなってしまうと、治療を受けに行くために、なんとかしてゴバビスの病院まで行くお金を工面しなくてはなりません。いつもゴバビスへ行くお金をどうするかで、とても苦労するんです。おなかをすかせたままあの薬を飲むのがよくないことはわかっていても、この村の一番の問題は飢えなんです。
おなかがすいていたから、そして薬をもらいにゴバビスへ行くお金をどうにかしなきゃいけなかったから、私は今、拘置所にいるんです。つい先日、私はヘルドさんの農場の土地に入って、イボイノシシを1頭しとめました。その肉を売って金にしようとしたんです。でも次の日、抗レトロウィルス剤をもらいにゴバビスへ行こうとしたとき、私の足跡を追って家まで来た警察に逮捕されてしまいました。私は警察に事情を説明して納得してもらおうと思ったのですが、逮捕されてしまいました。逮捕されてウィトフライ拘置所に入れられた週から、ゴバビスの中央拘置所に移された今まで、抗レトロウィルス剤をもらっていません。そうやって治療を中断したせいで、今では、拘置所内で、結核の治療を受けるはめになっています。

2008年7月、私たちは再び、ジョハネスさんを訪問したが、今度は、オチベロの彼の家だった。ジョハネスさんと、やはりHIV陽性である妹のアドルフィンさんは、2人とも、ベーシック・インカム給付導入以前よりも、はるかに健康状態がよくなったように見えた。ジョハネスさんもベーシック・インカム給付金を受け取り、それで罰金を支払うことができたため、2008年3月11日に釈放されたのだ。そして、ベーシック・インカム給付導入によって、自分の生活がどのように変化したかを語ってくれた。

ベーシック・インカム給付の導入は、ほんとうに期待どおりでした。オチベロが選ばれてよかったし、ほんとうにうれしいことだと思っています。私たちが受け取る100N$という額はわずかなように見えるかもしれませんが、それはとてもありがたいお金なんです。私たちの生活は、いろん

再び家族といっしょになったジョハネスさん。2008年７月。

ジョハネスさんの両親。2007年11月。

な面で大いに変わりました。私たちは、毛布、衣類、それに制服を買って、子どもの学費を払いました。家の屋根を覆う耐性のあるビニールシートも買いました。ベーシック・インカム給付金をもらうようになってからは、前みたいにひどい飢えに苦しむこともありません。もうトウモロコシ粥だけを買って食事をすませることもないし、いろんな食べ物が買えます。時々だけど、野菜も買うんです。もっと買いたいものもたくさんありますが、お金が十分あるというわけではないので、計画して大事に使うようにしています。ひとつ、ほんとうにありがたいことは、薬（抗レトロウィルス剤）をもらいにゴバビスまでお金を使って行く必要がなくなったことです。だって医師が毎月オチベロに来てくれるんですよ。だからちょうど必要なときに、治療も受けられます。だから、このとおり、絶好調に見えるでしょう。オチベロの人々のたくさんのことが変わりました。もう空腹を訴える人や、あちこち回って、食べ物をもらい歩く人もいなくなりました。盗難も、びっくりするほど減りましたね。トタン板を買って、家の修理をする人もたくさんいます。たいていの場合、それに必要な木材は、買ってくるようになったので、木材を盗む人がたくさんいるなんてこともなくなりました。けんかや強いアルコール飲料を飲む人も、ほんとうに減ってきました。もう村でけんかの話を聞くこともなくなりました（ジョハネスさんとアドルフィンさん、２００８年7月）。

ジョハネスさんの話は、ベーシック・インカム給付導入以来、ＨＩＶとともに生きる人々の健康状態と生活状況がどのように改善してきたかについての、格好の証言となっている。

それはまた、必要とするすべての人に抗レトロウィルス剤を普及するという政府の努力を、ベーシック・インカム給付がどのようにして補完し、強化することができるかをも明らかにしている。

第11節　教育

オチベロ・オミタラには，１９９６年以来、村の中心に小学校がある。小学校は、オチベロの子どもたちが自分たちの将来を切り開いていく力をつける場となるはずだが、ベーシック・インカム給付開始直前の２００７年11月の基準線調査時には、金銭上の理由から多くの子どもたちが学校にいけないでいた。それだけではなく、子どもたちが十分に栄養をとれていないので、それが成績に悪影響を与えていると学校側は報告していた。さらに、学費納入不足によって学校の財政事情がひっ迫しており、教育の質を向上させることもままならない状態だった。

基準線調査回答者の77％は、少なくとも一言語の読み書きができ、残りの23％は読み書きできない非識

オチベロ小学校。

字だと答えた。

●——学齢期の子どもの半分は欠席がち

学齢期の子どもをもつ世帯の約半分（49％）は、子どもが定期的に通学していないと答えた。その主な理由として挙げられたのは、約半分が金銭上の問題、21％が健康状態の悪化あるいは適切な学校給食がないことだった。

オチベロ・オミタラの子どもたちが通学できる機会は限られている。２００７年11月時点では、村の小学校には、１学年から７学年までの約２５０人の児童が在籍していた。教師は、児童の20～30％はよくできるが、それ以外の児童は苦戦していると述べた。進級率は約40％で、落第の率は高かった。ごくわずかの児童だけが７学年までどうにか進級することができ、ゴバビス、ヴィントフック、あるいはグニチャスにある中等教育の学校に進学することができた。このような状況は、この村全体に広がる貧困と直接つながっていた。教師は次のように説明していた。

ほとんどの生徒たちにとって、学校に来るお目当ては、授業よりも給食なんです。もし食べ物がもらえないのなら、子どもたちは学校には来ないでしょう。私たちの学校は、政府の学校給食計画に従って食事を出すのですが、トウモロコシ粥さえないときがあります。ときには、肉が出ることもありますが、まあ週に1回程度です。でも、野菜や果物は一切出ませんね。

●——給付以前は、制服がない子や、他校の制服の子も

もう一つの問題は、両親が貧しさゆえに、年間50N$の学費を支払うことができないことだった。教師はまた、児童に制服着用を強制することのむずかしさも指摘していた。

子どもたちのなかには制服をもっていない子もいますし、違う学校の制服を着ている子もいます。2005年にこの問題の解決に取り組みましたが、失敗でした。

教師たちは、子どもたちにとっては、放課後、勉強したり読書したりする場所を見つけるのがむずかしいことなど、子どもたちが直面する多くの問題に気づいていた。そこで教師たちは、午後の時間に、学校内での放課後学習時間を導入したので、何人かの生徒たちは、これに大いに助けられた。しかしながら、問題の根底にある理由について、教師たちは、以下のように捉えていた。

失業と貧困が、たいていの問題の原因です。ここの若い人たちは、この学校の7学年が、最終学歴になってしまうんです。次の段階の学校へ進む子もいるのですが、たいていは1学期だけで戻ってきてしまいます。そうなる原因は、子どもたちに、そもそもしつけが足りなかったり、お金がな

かったり、寮での居場所が見つけられなかったりするからです。もっと広い世界に、どうにか適応していかなくてはと奮闘している子もいます。でも失業が原因で、両親には自分の子どもを次の学校へ通わせる余裕がないのです。

●――給付後は、ほとんどの子どもが制服

ベーシック・インカム給付金は、オチベロ・オミタラの子どもたちの教育環境に大きな好影響をもたらした。教師はその変化を以下のように語った。

100%といえるくらい学校のようすは変わりました。ほんとうに、突然こんなに変化が起きるなんて。今では、ほとんどの子どもが、制服の青いシャツ、グレーの半ズボンかスカートで学校に来ます。それに靴までちゃんと履いている子も。教師に50N$ほどのお金を渡して、町へ行ったときに子どもの靴を買ってくださいって、頼むご両親さえいるんです。ごらんのように、子どもたちは以前と違って、とても清潔です。この制服も、ほら、きれいに洗濯されているのがおわかりでしょう。制服を洗うために、石けんを買っているんですよ。それに、髪もきれいに編み込まれているでしょ。

●――小学校の学費納入率は90%に

小学校長は、ベーシック・インカム給付導入以来、学費の納入状況がきわめて良くなったと述べ、学校側の領収書を見せてくれた。それによれば、2008年には、250人の児童が、学費全額を納入済みであり、2人が半額納入済みであった。ベーシック・インカム給付の導入によって、オチベロ小学校の学費

納入率は90％に達したわけだが、これは学校にとっても、前例のない偉大な成績である。

●——金銭上の理由での欠席は42％も減少

図5は、金銭上の理由による欠席者数を示す。かなりの数の子どもがオチベロに転入してきたにもかかわらず、金銭上の理由による欠席者数は、２００８年11月には、１年前の12人から７人へと、42％も減少している。この欠席者７人のうち６人は、ベーシック・インカム給付金を受給していない転入者の世帯の子どもたちだった。

校長はさらに、ベーシック・インカム給付導入以前は、小学校の中退率は、30～40％だったと述べた。それが導入後は、２００８年７月までに、たったの５％にまで減少し、同年11月にはついに０％になったと言う。

２００９年初め、校長は、さらに進展があったと報告してくれた。オチベロ小学校を卒業した児童のうち、第７学年試験をパスした９人が、初めてオチベロの外にある中等学校に進学することになったというのだ。

こうした変化が起こったのは、小学校だけではなかった。学校の職員や両親も等しく、就学前の子どものための施設の利用が盛んになったことに注目していた。

去年は保育所の幼児は13人でしたが、今年は52人に増えました。それは、今じゃ、子どもにお金を使える親が、たくさんいるからです。小学校を訪問する機会があったら、見てください。子どもたちは、ほとんどが制服を着て、清潔にして、楽しそうにしていますよ（アダムさん）。

図５　金銭上の理由による小学校の欠席者数
（過去６カ月以内に転入してきた世帯を含む）

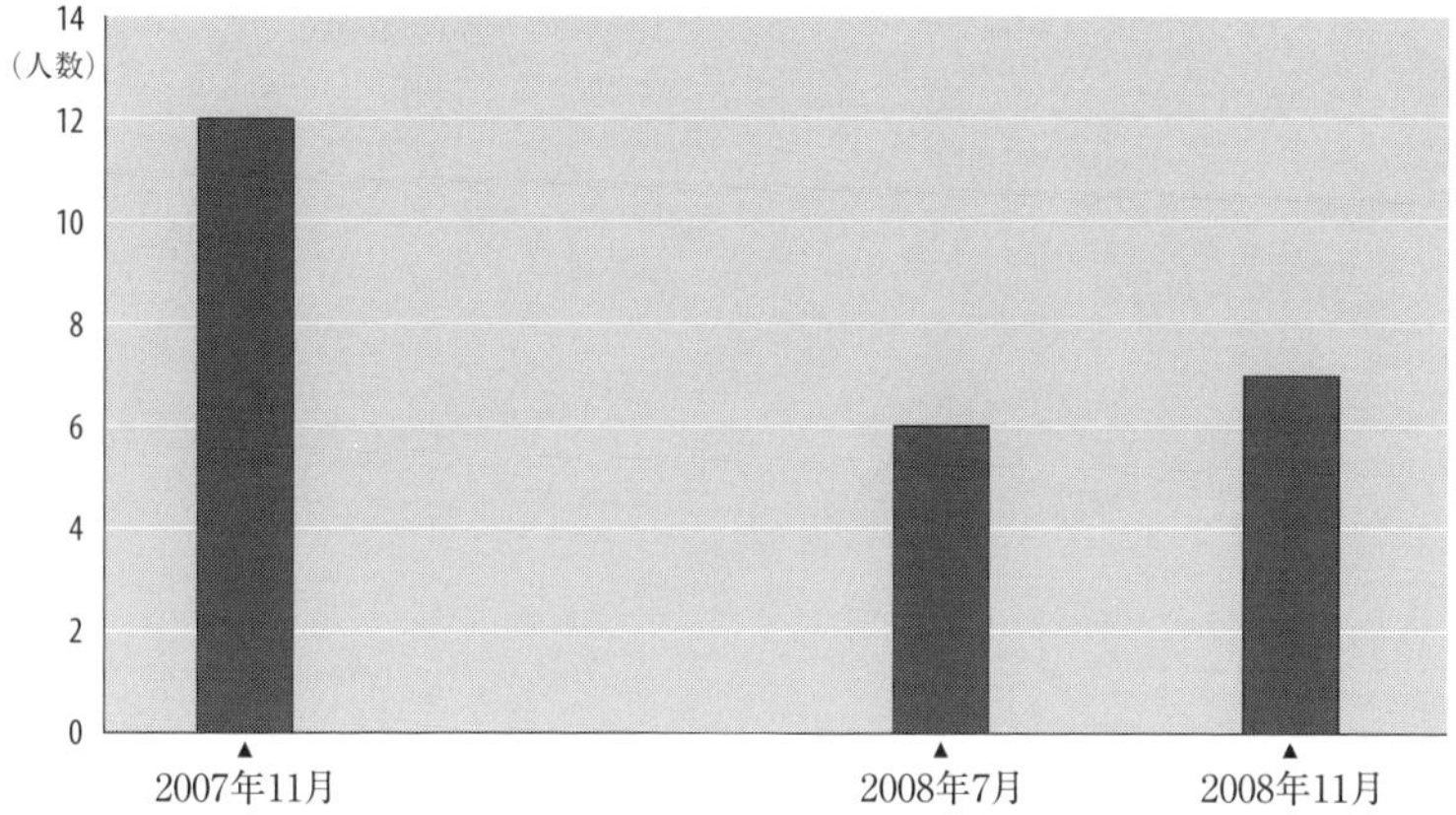

幼稚園教諭のマチルドさんは、次のように、付け加えた。

（ベーシック・インカム給付導入以来）ほんとうに大きく変わりました。子どもたちは清潔な状態で、時間どおりに、しっかりご飯を食べて学校へやってきます。休憩時間になると、ご飯を食べさせるために、子どもたちを家に帰しますが、今では、ちゃんと時間どおりに戻ってきます。以前は、一度帰してしまうと、ほとんどの子どもたちは戻ってこなかったのです。ご両親には、子どもに食べさせる食べ物がなくて、それで子どもたちは戻って来られなかったわけです。ベーシック・インカム給付導入以前はほんとうに最悪な状況で、勉強を教えるのも大変でした。でも今では、みんな授業に集中して、しっかり勉強もしていますよ。家で十分にご飯が食べられるので、子どもたちは、みんな幸せなんです。

●――空腹がなくなり授業に集中、成績も向上

同じように、小学校の教師も次のように指摘した。

保育所に通う子どもは13人から52人に。

子どもたちは小学校が大好き。

生徒たちはよくお腹をすかせて学校へ来ていましたが、今はもうそんなことはありません。（ベーシック・インカム給付導入）以前は、空腹のせいで授業に集中していなかったのですが、今ではより精力的に、より集中するようになって、より良い成績につながっています。

このように、ベーシック・インカム給付は、明らかに、学校教育と子どもの発育のための環境改善に貢献した。

これについては、いかなる外部からの圧力も、現金給付に対する条件付与もなかった。人々は、子どもたちにとって何がよいことなのかを、自分自身で判断し、行動した。人々がそのために必要としたのは、それを行うための収入だけであった。

第12節　経済活動、収入、支出

雇用

この試験給付プロジェクトの目的は、次の問いに答える調査をすることだった。すなわち、ベーシック・インカム給付導入によって人々は働かなくなるのか（すなわち労働力からの退出）、それともそれを助けとして仕事を探すようになるのか（職探しのための資金提供となることによって）、それとも自分で事業を始められるようになるのか（起業資金の提供となり、同じコミュニティ住民の購買力を増大させて市場を創り出すことによって）。そこで、本節では、実施期間の12カ月間全体の経済活動の趨勢を解明する。

図6　失業率（全調査に回答した潜在労働力人口を対象）

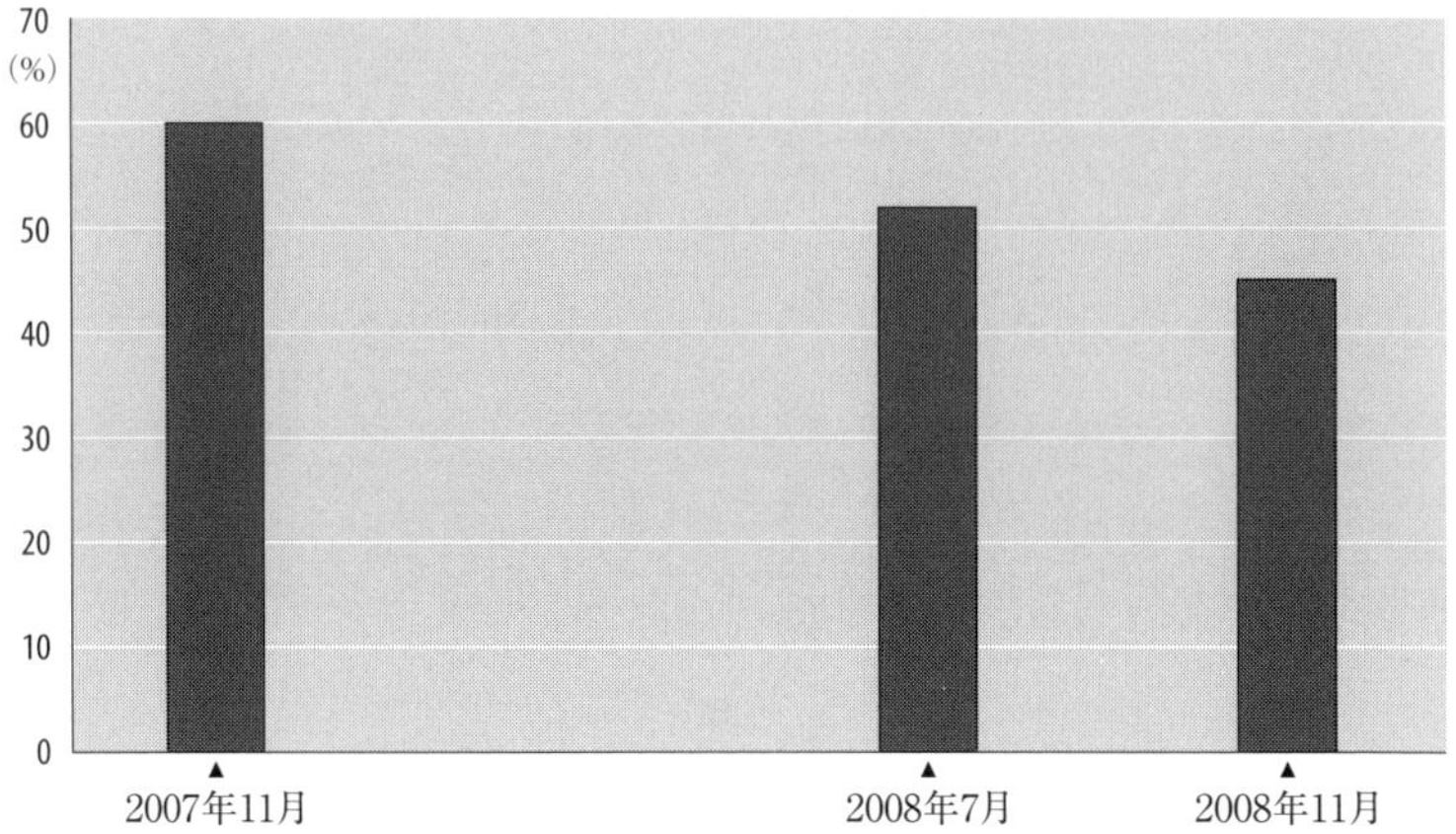

図6は、全3回の調査を通じて調査対象となっていた潜在的労働力（15歳以上の成人）についての失業率であり、経済活動に対するベーシック・インカム給付の影響を示すことができるものだ。

●——失業率は60%から45%に減少

失業率は60%から45%に減少している。別の言い方をすれば、ベーシック・インカム給付導入以後、15歳以上の雇用は、44%から55%へと増加した。ここで注目したい重要なことは、この間に労働参加率も増加しており、実際の労働力もわずかに増加したことである。

したがってこのデータは、ベーシック・インカム給付の結果、人々が働かずに暮らすことを決めはしなかったことを証明している。それどころか、ベーシック・インカム給付は、より多くの労働市場への参加と雇用の増加を促進したのである。

所得……………………………………

雇用の増加傾向には、所得の増加が伴っていた。次の図

図７　村民１人当たりの平均月収（単位：ナミビア・ドル）

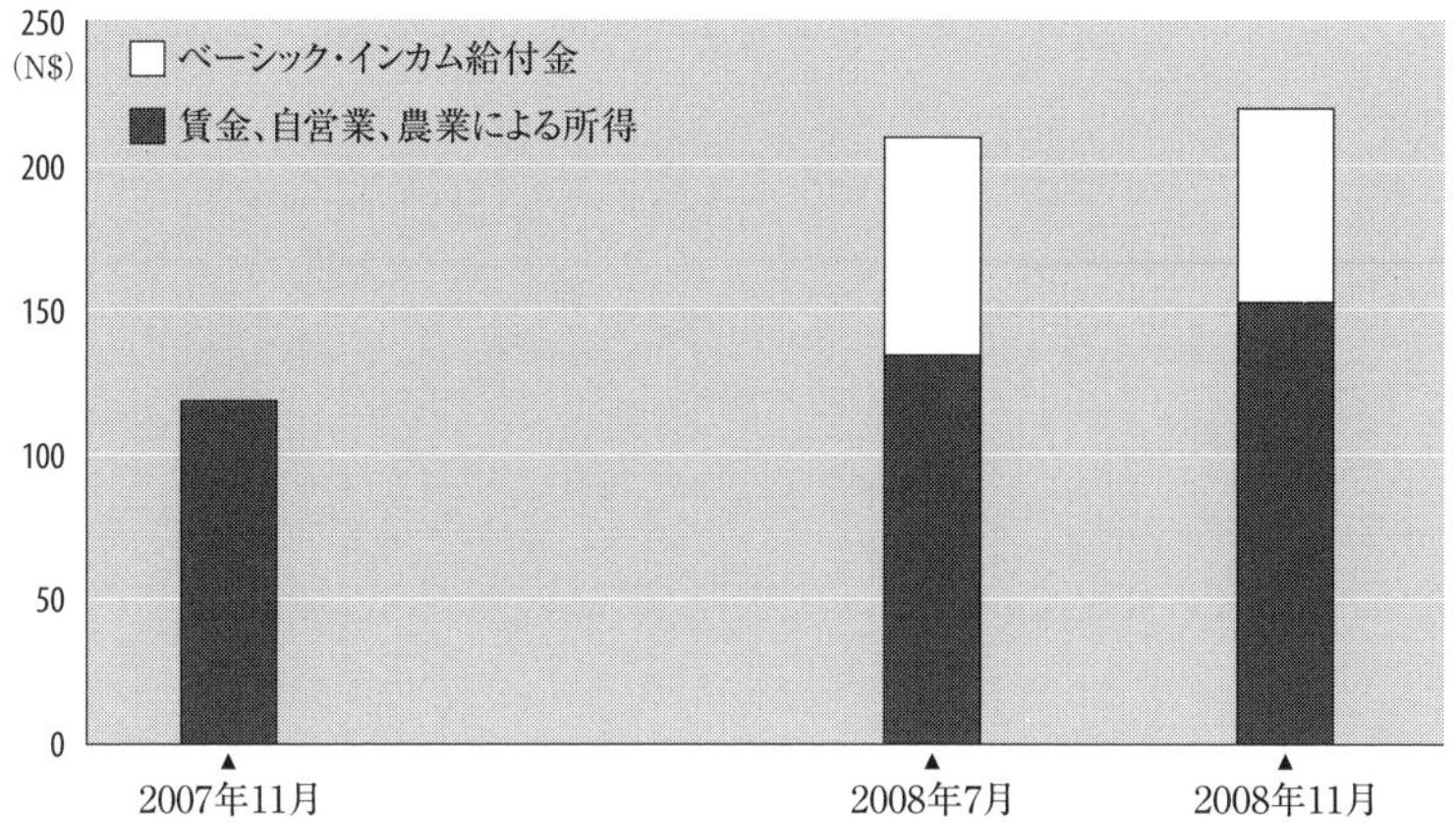

7は、１人当たり平均月収を示している。

●――給付金所得を除く平均所得が、１年間で29％増加

図7は、ベーシック・インカム給付金の主要で、直接的な影響が、所得増加であること、そして、実際に支払われたベーシック・インカム給付金額以上に、個人所得が増加したことを示している。それは、この地域への移民流入の影響にもかかわらず起こっている。

したがって、ベーシック・インカム給付は、所得創出について、明らかに直接的に、そしてまた間接的にも効果があった。少額だが確実な収入源としてベーシック・インカム給付金が提供されることで、人々は、生産的な所得を増やすことができた。

この点でも、ベーシック・インカム給付が人々を生産的な労働から退出させるという観念は、否定されている。これは、各国が自国のローカルな経済発展を積極的に刺激しようと奮闘している今日、特に重要な発見である。

ベーシック・インカム給付金によって創出された刺激は、外部からもち込まれた貨幣額を越えて、それ以上の額の持続的な個人所得の増加をもたらしたのである。平均所得（ベーシック・インカム給付による所得を除く）は、たったの1年間で平均29％も増加している。

次節では、継続的な調査対象となった世帯の所得の源泉を検討し、経済的影響について、より詳しく分析する。

家計所得の源泉

●――自営業による所得の増加

家計所得増加の主な源泉は、自営業である。表3からわかるように、すべての種類の源泉（送金を除く）からの所得が調査期間を通じて増加した。

送金が減少しているのは（一般的に、送金は、拡大家族の成員による、現金または現物移転を通じての、農村地帯の貧困家計支援の一環となっている）疑いなく、オチベロ・オミタラでは、他地域に住む親類によって支援される必要がなくなったという事情を反映している。

自営業所得の著しい増加は、ベーシック・インカム給付金によってこの地域の所得が押し上げられ、新しい自営業が成長し、自営業で得られる稼ぎが増えたことを物語っている。自営業所得は、賃金所得とほぼ同じ水準にまで成長した。

ベーシック・インカム給付導入に続いて出現した小規模起業のほとんどは、小売業、レンガ作り、衣類製作だった。調査への回答者たちによれば、起業のための立ち上げ資金と、起業者以外からの需要を提供してくれた点で、ベーシック・インカム給付金は、中心的な役割を果たした。この点は、次のようなオチベロ住民の発言でも支持されている。

表3　家計所得

ベーシック・インカム給付金を除く調査対象群の平均家計所得の源泉	2007年11月	2008年11月	増減の比（％）
賃金	581 N$	692 N$	19％
自営業	170 N$	681 N$	301％
農業	42 N$	57 N$	36％
送金	103 N$	82 N$	-21％
政府からの給付金	199 N$	285 N$	44％

ベーシック・インカム給付金を受け取るようになってから、材料を買って、ドレスを3着作っているところよ。そして150N$で売るつもりなの（エミリアさん）。

ベーシック・インカム給付金が始まってからすぐに、アイスキャンディーを作る仕事を始めたわ。私が作るアイスキャンディーは、このあたりで一番大きいから、人気があるの。1つ50セントで、1日50個作っているわ。ベーシック・インカム給付金があるから、みんなには使えるお金があるわ。だから私がアイスキャンディーを作るってわけ（ベリンダさん）。

ベーシック・インカム給付が導入されてから、今年（2008年）8月に売店を始めたわ。まるで奇跡のようにベーシック・インカム給付がやってきて、この恩恵にいつも感謝しているの。自分がビジネスを始めるなんて、夢にも思っていなかったけど、ベーシック・インカム給付がそれを実現してくれたのよ。今では、食べ物、ソフトドリンク、それにちょっとしたお酒を売れるようになったの。毎月の利益はだいたい800〜1000N$くらいよ。私は思うわ。ナミビア人全員にもベーシック・インカム給付金のようなお金をあげることにすれば、私のような若い人が自分の技術や才能を生かして、何かを始めることができるようになるのに、って（エイプリルさん）。

2006年にレンガ作りの仕事を始めたけど、資金不足で続けられなくなったんだ。でもベーシック・インカム給付が導入されてからは、そのお金で、また始めたっていうわけさ。1つのセメント袋から、250個のレンガを造る。レンガは普通のやつで、1個1ドルで売るんだ。レンガに使う砂は、そこの川から集めてくる。今はまだ家族経営だけど、将来もっと資金ができたら、事業を拡大する予定だ。うちのレンガはひっぱりだこだから、オチベロのみんなに満足してもらうためには、もっと人手がいる。俺はすごく楽観的だから、ベーシック・インカム給付といっしょに、俺の事業も拡大して、もっとたくさんの人を雇えるようになると思ってる（ジョゼフさん）。

私たちは、去年（2007年）この事業を始めたけど、資金や材料が足りなくて、続けられなくなったの。ベーシック・インカム給付金を受け取った2008年1月には、私たちはまた力を取り戻して、事業を再開したわ。この事業は6人の女性でやっているの。私たちは、ドレスを作る。特にナマ民族の伝統的なドレスね。このドレスを探している人が多いからよ。お客さんは、遠くだとゴバビスやウィトフレイ、ヴィントフック、それにこの周りのいろんな農場の人たちよ。結婚式とかお葬式があるときは、とてもよく売れるわね。ドレスは、1着150N$くらいで、毎月の売り上げは、1500~2000N$くらいよ。貯金ができるように、ヴィントフックに私たちの銀行口座も作ったわ（ルドルフィーヌさん）。

ベーシック・インカム給付が導入されてから、このビジネスを始めました。毎日、この伝統的な

ベーシック・インカム給付は小規模ビジネスの機会を創り出した。

れんが製造を始めたジョセフさん。

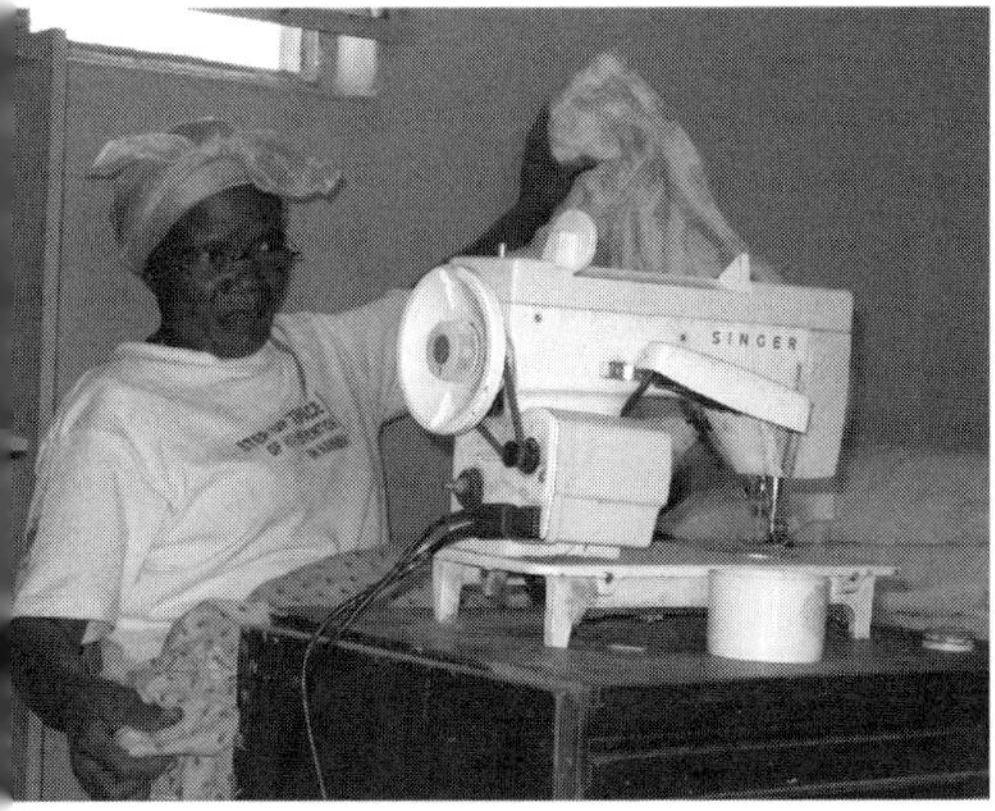

ドレス製造はオチベロの新しいビジネスになった。

1個1N＄で自家製のパンを売るフリーダさんの娘。

パンを焼くんです。1日100個焼いて、1個1ドルで売ります。利益は、毎月だいたい400N$くらいになります。このビジネスはいいし、もっと大きくなると思います。問題は1つだけ、燃料にする焚き木が足りないことです。木を手に入れるのがむずかしいことがしょっちゅうなんです。でも、この仕事をもっと広げたいので、政府がこの問題について援助してくれるように申し入れをしたんです（フリーダさん）。

ベーシック・インカム給付の導入のおかげで、売店を始めることができました。ほんとうに小さなビジネスですが、村のみんなが支えてくれています。主に、砂糖、紅茶、トウモロコシ粉、甘いお菓子、ポップコーンを売っています。月に800〜1000N$くらいの儲けになります。私は、自分で造ったロバの荷馬車のための道具も売っています。列車に乗ってゴバビスまで行って、そこで品物を仕入れて来ます（アルフレッドさん）。

ベーシック・インカム給付が導入された後、今年（2008年）8月に、この事業を始めました。ごらんのとおり、これらのドレスはみんな私が作りました。1着150N$くらいですね。だから、3週間かけて5着作れば、750N$の利益になります。みんなが熱心にこの事業を支えてくれています。私は祈り続けるつもりです。オチベロのコミュニティが、ほんとうに必要なものにベーシック・インカム給付金を使って、私たちをお手本にして、ナミビア全土でベーシック・インカム給付が実施されますように、って（エミリアさん）。

●――ベーシック・インカムが経済活動を促進

これらの証言から、ベーシック・インカム給付金は、人々が経済的に活動的になり、経済活動への参加の度合いを高めるのを助けたことがわかる。ベーシック・インカム給付は、働く気持ちをなくさせるどころか、人々が、さらに所得を増加させるよう力づけたのである。

支出と資産

●――貯蓄の増加

所得の増加は、貯蓄の増加を促進する。ベーシック・インカム給付導入後6カ月たって、回答者の21％が、受け取ったベーシック・インカム給付金のいくらかを貯金したと答えた（金額はベーシック・インカム給付金のうち、平均7・2％であった）。われわれはそれとは別に、ベーシック・インカム給付が、オチベロ・オミタラでの貯蓄の大幅な増大と関係しているという確証を得た。オミタラ郵便局職員のローレンシアさんは次のように述べた。

> 私は、ここで働いて数年になりますが、ベーシック・インカム給付の導入までは、ICカードがもらえる預金口座を開く人はごくわずかでした。でも、ベーシック・インカム給付が導入されてからは、100人もの人がそのICカード付預金口座を開き、今でもどんどん来ています。子どものために子ども名義の預金口座を開設した親もいます。さらにいえることは、年金受給者が、今までは、自分の年金を、食べ物や子どものために使っていたのに、今では郵便局で自分のために貯金することができるようになったことです。郵便局もまた、繁盛していて、ほとんど一日中忙しくして

います。それに、38人が、南アフリカのオールド・ミューチュアル（Old Mutual）社の葬式保険の契約をして、毎月9・99N$を支払っています。ベーシック・インカム給付金は、とっても大きな手助けになっていて、貧困へのほんとうの解決策になっていると、実感しています（ローレンシアさん、オミタラ郵便局、２００８年7月）。

このような貯蓄行動の増加は、調査回答者たちが表明した意向と一致する。２００７年11月の調査時点で、回答者の40％は、ベーシック・インカム給付金を貯金するつもりだと答えていた。32％は、そのお金の一部を家の修理にあて、９％が家畜への投資を計画しており、11％が借金の返済にあてると解答した。このようなタイプの支出は、生活の質の向上や、長期的な生活保障に向けられている。このような支出の傾向は、オチベロ・オミタラの人々が、ベーシック・インカム給付試験実施プロジェクトが2年間しか続かないことを知っていたことから、完全に理解可能である。

借金というものは、必ずしも悪いわけではない。賢く使えば借金は、新しくビジネスを始める助けとしたり、資本財（道具、自動車、家のような）の購入にあてたりして、各世帯が貧困から逃れる手助けにできる。地元商店への少額の借金もまた、各世帯が、たとえその月の収入を使い果たしてしまったときでも、食料を得られるようにして生活保障の手助けにできる。このような「消費の平準化」は、各世帯が、現金不足を原因として飢餓や栄養失調に陥ってしまわないようにする手助けとなりうる。

とはいえ、返せないほどの借金が溜まってしまえば、借金の重荷そのものが、貧困の原因となってしまう。特に高利子率の場合には、世帯の所得よりも借金のほうが、急速に大きくなっていくことになる。

ベーシック・インカム給付金は、各世帯が商店への借金を減らすのを助けることができたが、われわれは、借金による「消費の平準化活動」がまったくなくなることを期待していたわけではなかった。なぜなら、各世帯は、ベーシック・インカム給付金を、一時払いの大きな出費（小学校の制服代、授業料、家の修理代、小規模事業を開始するための初期費用など）にあて、日用品については、依然として地元商店からツケで買うのが便利だと考えるだろうと思ったからである。

２００８年６月、調査回答者の41％は、ベーシック・インカム給付金を借金の返済に利用していると答えたが、その金額は、受け取ったベーシック・インカム給付金のうちたった9・4％であった。このことは、多くの人々が借金を返済しつつあるが、返済額は少額だということを示している。それは、最初の６カ月間のうちに毎月の平均負債返済額が１８６Ｎ＄から２００Ｎ＄へ増加しているという世帯支出総額の全体像とも一致する。借金をすべて返済した世帯もあれば、借金を増やした世帯もあった。調査結果によれば、借金額に変化があったと回答した世帯の80％は、その借金額は、５００Ｎ＄以下だと答えた。このような借金のほとんどは、地元商店に対するものだった。

ベーシック・インカム給付導入の１年後に実施した調査によれば、世帯平均負債額（借金があると報告した世帯に関する平均額）は１２１５Ｎ＄から７７２Ｎ＄へと減少しており、借金を減らした世帯は、借金を増やした世帯の２倍以上になっていた。

調査結果を分析すれば、ベーシック・インカム給付導入後の最初の６カ月間、借金額の水準が変動していたことがわかる。ほとんどの世帯は、借金額を減らしたが、８世帯のみは、主にほんの少額ながらではあったが、借金額を増やした。興味深いことに、２００７年11月には借金をしていなかった16世帯が、２００８年７月には借金をかかえていたことである。これらの世帯もほとんどの場合、借金額はやはり少額であり、地元商店に対するものだった。２世帯だけは、大幅に借金額を増やしたが、それは固定資産（家具と自動車）購入のためだった。

家計資産の蓄積については、人々が、有益な耐久消費財を購入したことを示すデータがいくつかある。

たとえば、ベーシック・インカム給付導入後の1年間で、使用できるストーブをもっていると報告した世帯は、31％から43％に増えた。さらに使用できる工具箱をもっていると答えた世帯は、40％から59％に増えた。とはいえ、ほとんどの場合、家計資産のストックは、劇的に変化したわけではない。もっとも、家畜の場合は、そうではなかった。

●――家畜や家禽類の増加

２００７年11月に聞き取り調査をした際、ベーシック・インカム給付金で家畜を購入したいと明確に答えた人はわずか９％だった。当時は、全世帯の29％だけが、なんらかの大型の家畜を所有していた。

1年後には、その比率は、39％に増加した。同様に、小型家畜を所有していると報告した世帯は、同じ期間に19％から37％に増加し、鶏などの家禽類を所有する世帯は、42％から59％へと増加した。これは、人々が家畜を貯蓄の一形態として（そしてまた食料安全保障の一形態としても）用いていることを考慮すれば、資産蓄積の著しい増加だといえる。

自家用野菜の庭畑をもつと答えた世帯は、ベーシック・インカム給付導入後６カ月間で40％から30％へ減少したが、その後再び39％へと増加した。これはおそらく農業活動の季節変動によるものといえよう。２００７年11月の時点では、調査回答者の３分の１は、ベーシック・インカム給付金のいくらかを家の改修にあてるつもりだと答えた。人々が実際にそうしたことは、調査結果からも、村落コミュニティの変化の観察からも、きわめて明らかだ。たとえば、各世帯平均の部屋の数は、２・６部屋（基準線調査）から３・２部屋（６カ月後調査）、そして３・３部屋（1年後調査）へと増加した。各世帯の５分の１以上が家の屋根を改修（大半はトタン板で、場合によってビニールや帆布のシートを用いて）したと答えた。また多くの人々が、これから自分の家を補修し、拡張するつもりだと答えた。

3 全国レベルの給付を目指して

第1節　財源

ナミビア国内におけるベーシック・インカム給付をめぐる議論は、全国民向け普遍的現金移転の財源が確保できるか、そしてその長期的な経済的影響はどのようなものか、という重要な問題を提起している。ここでは、このような経済的介入に必要な総費用と純費用を計算するのに必要な、ミクロなシミュレーション計算を実際に行い、財源確保が可能であることを論証する。さらに、予想される経済的影響について、世界各地で行われている経験から得られる財源確保の可能性に関する論拠も示す。

ベーシック・インカム給付の費用

ベーシック・インカム給付の費用を推計するためには、まず、給付金を受け取る資格のある個人の数をモデルに入れる必要がある。

ベーシック・インカム給付は、普遍的なものだから、給付対象の人口は、全人口ということになる。とはいえ、60歳以上の人口については、すでに普遍的な政府老齢年金がカバーしている。ある人は、60歳になると、ベーシック・インカム給付金を卒業して、より高額な老齢年金を受け取ることになるが、それは、現行のままなのである。普遍的な老齢年金給付に必要な費用は、すでに公的に必要な支出となっており、この部分に関してはいかなる追加費用も必要としない。

ナミビアの国民世帯所得および消費実態調査（２００３／２００４）と人口推計によれば、ナミビアの人口はおよそ１７０万人であり、ＵＮＦＰＡ（国連人口基金）によるナミビアの人口成長率推計である年間２.６％を用いれば、２００９年の人口は、２１０万人ということになる。

ベーシック・インカム給付を毎月１００Ｎ＄と仮定し、老齢年金を受給している推定人口が15万人とすれば、推定１９０万人がベーシック・インカム給付金を受け取ることになる（老齢年金受給者は、すでに現行の経費支出に含まれているため、除外して計算する）。その場合、ベーシック・インカム給付金にかかる年間の総費用は、受給者数に12カ月をかけて得られる金額、すなわち23億Ｎ＄となる。

しかしながら、給付金の総費用は、費用計算としては、適切ではない。納税者でもある多くの受給者にとっては、ベーシック・インカム給付金は、必然的に税金の払い戻しということになる。ベーシック・インカム給付金を払うために追加的に徴収される税金の一部は、ベーシック・インカム給付金の形で、納税者に返金されるだけなのである。これは、グローバルな金融危機に取り組む多くの先進国で、税改革による景気刺激策としておなじみの手法と同様である。適切な費用計算は、納税者から追加的に徴収された税額のうち、ナミビア人の低所得者への純粋な支払いとなった金額となる。この金額が、純費用と呼ばれるものである。

ベーシック・インカム給付は、普遍的な給付である。したがって税制は、低所得者層のある部分に対して悪影響を与える危険を冒すことなく、高所得者層から低所得者層に対して累進的な所得の再配分を行うために用いられねばならない。これは重要なことだ。

●――純費用はGDPの2・2％から3％

純費用は、ナミビアの国民世帯所得および消費実態調査（２００３／２００４）を、消費者物価指数によって２００９年価格に補正した金額と、ＵＮＦＰＡの人口成長率推計によって２００９年に補正した人口数に基づいて、ミクロ・シミュレーション・モデルを用いて算出した。この純費用は、高所得層から回収される税金の額に依存しており、その税収額は、採用される税制がどのような調整を行えるかという構造に依存している。

直接税と間接税を混合した税制による調整の度合いに応じて、純費用は、12億Ｎ＄から16億Ｎ＄（ＧＤＰの2・2％から3％）となる。実際の純費用は、どのようにしてそのための財源が調達されるかにかかっている。付加価値税でベーシック・インカム給付金の財源が得られる場合には、純費用はより低くなり、所得税により多く依存する場合には、純費用も、貧困者に移転される総額も、より高くなる。

たとえば、高所得者への最高限界税率を38％とし、付加価値税率を2％だけ上昇させることによって穏健な調整を行うことにした場合、推計17億Ｎ＄の追加税収が見込めるが、そのうち10億Ｎ＄は、ベーシック・インカム給付金を通じて、その追加税を払った同じ納税者へ戻っていくことになる。これによって、ベーシック・インカム給付導入という介入の純費用は、13億Ｎ＄にまで減少するが、そのうち7億Ｎ＄は、このような税制による調整によってカバーされることになる。これによって、残りの6億Ｎ＄は、さらなる追加的な税制の調整によってカバーされねばならなくなる（この費用は、過大評価されていることに注目すべきである。というのは、家計調査のデータは、最高所得を過少評価しているからである。たとえば、入手できる家計データによれば、年間所得75万N$以上の者は、存在しないことになっているがそんなことはありそうにない)。

世帯レベルでは、このような効果は、以下の例によって説明されよう。

1　まったく所得がない平均的な世帯は、毎月498N$の追加所得を受け取ることになる。

2　同様に、年間所得2万N$以下の典型的な低所得世帯は、毎月498N$の追加所得を受け取る。

3　年間所得4・6万N$程度の中位の所得世帯は、追加納税額と差し引きすれば、もはやベーシック・インカム給付金の全額は受け取れないことになるが、それでも毎月217N$の追加所得を受け取ることになる。

4　年間所得30万N$以上の高所得世帯グループの平均的な世帯は、ベーシック・インカム給付金と追加納税分を差し引きして、1270N$だけ純増となる税金を納めることになる（この税額は、この高所得世帯グループの平均世帯人数である2・7人を基礎として算出した。しかしながら、世帯が大きくなれば、世帯が負担する純費用も減ることに注目すべきである。世帯人数が増えれば、その追加人数分だけベーシック・インカム給付金を受給する人が増え、したがって世帯全体で受け取るベーシック・インカム給付金が増えるためにそうなるのである。これによって、この高所得世帯が負担する純費用は、追加的世帯人数かける毎月のベーシック・インカム給付金の金額だけ、減少することになる）。

以上の例は、税金の取り戻しが、ベーシック・インカム給付金の資金調達となるという実質的な税の調整に基づくものだ。しかしながら、ほかにもベーシック・インカム給付金の資金調達の選択の余地はある。最終的な政策決定によって、さまざまな組み合わせも可能だ。

図９　ナミビアはベーシック・インカム給付金（ＧＤＰの２．２～３．８％）の財源を調達する担税力をもつ

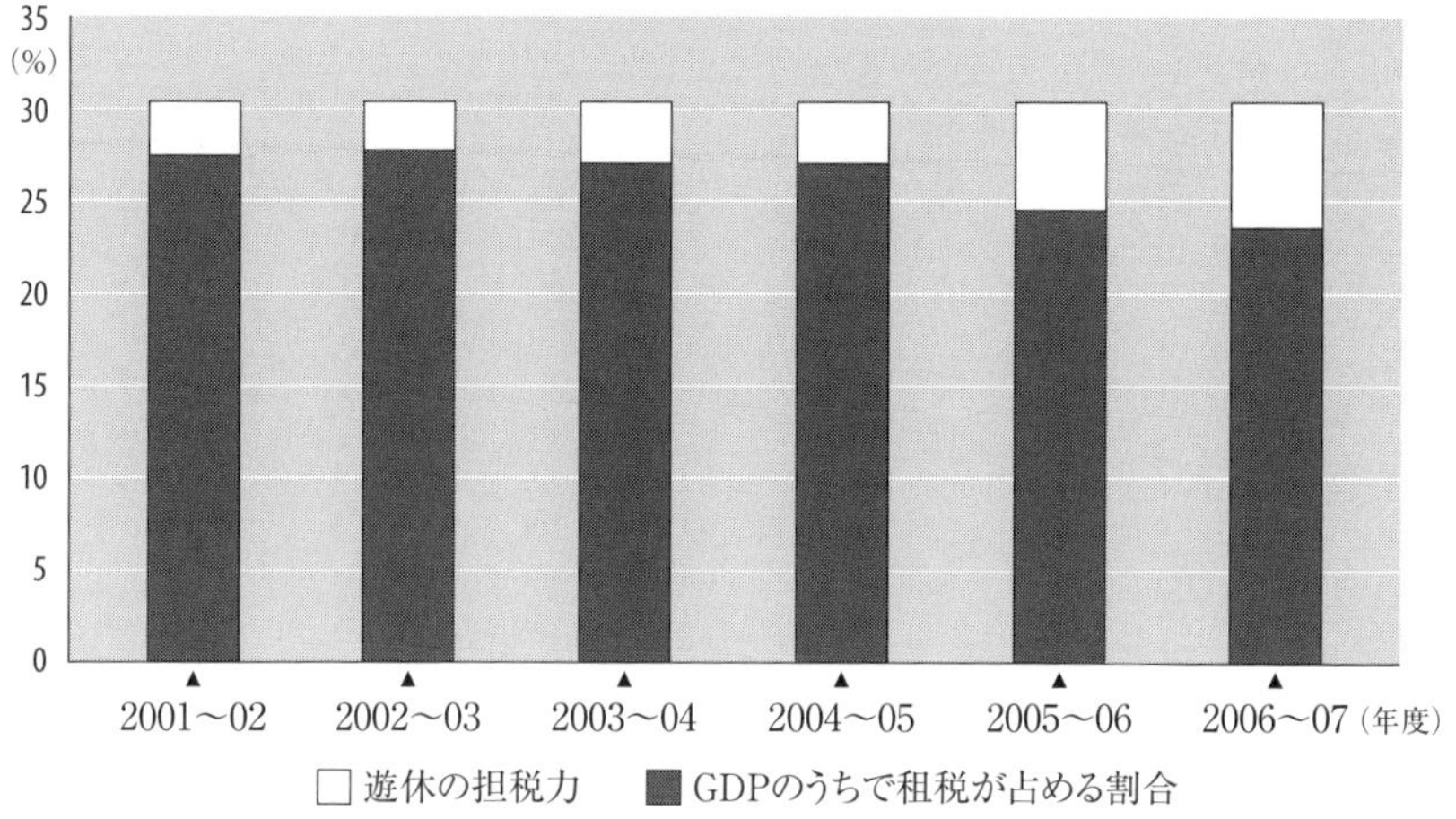

たとえば、観光、漁業、鉱山業など天然資源の使用に対して税金を課し、ベーシック・インカム給付金の財源とすれば、全国民が国の天然資源から利益を得ることができるようになる。

最後に、最も重要なことだが、予算編成にあたって、ベーシック・インカム給付金への資金調達を最優先とすることが必要だ。

資金調達の可能性を評価する第二のステップは、ナミビアは、あとどれだけの税を負担できるのかを見極めることである。経済学者は、通常、この問いに対して、「課税努力（tax effort）」分析という、他国との比較に基づく計量経済学的分析モデルを用いて答える。その課税努力モデルでは、ある国の税負担能力（taxable capacity）は、経済の構造的特徴と、その国が租税を増加させる能力とに基づいて評価される。図９は、２００１年から２００７年までのナミビア経済の税負担能力の成長を示している。

計量経済的分析によれば、ナミビアの税負担能力は、国民所得の30％を超えている。それにもかかわらず、ナミビアで実際に徴収された税額と課税見積

もり額は、この間、中期的に減少してきた。ナミビアが税収を増加させる余剰能力は、いかなる財政的シナリオのもとであっても、明らかに、ベーシック・インカム給付に必要な純費用を超過している。

第2節　持続可能性

これまでの分析は、ナミビアがベーシック・インカム給付金の資金調達をできるかどうかについての短期的な分析だった。導入した場合の初年度の純費用の見積もり額は、GDPの2・2%〜3%である。これに対し、ナミビアが余分にもつ税負担能力は、国民所得の5%を超えている。

とはいえ、このような短期的な資金調達可能性よりも重要なのは、持続可能性の問題である。では、ナミビアで、長期間にわたってベーシック・インカム給付金の資金を調達し続ける見込みはあるだろうか。この問いの答えは、ベーシック・インカム給付金が、家計の福利（well-being）、労働生産性、そしてマクロ経済に及ぼす影響しだいである。

ベーシック・インカム給付金のような社会手当（social grants）に関する国際的な経験は、それが、家計の福利に対して、いい影響を与えることを示している。

社会手当を受給している低所得世帯は、そのほとんど全額を、食料、教育、交通手段に費やしており、このような出費は長期的に家計の福利を支える。社会手当を受給している世帯の子どもたちは、どちらかといえば学校へ通うようになることが多く、そのような効果はとりわけ初等教育年齢の女児に対して大きいので、ジェンダー平等を推進する効果をもつ。社会手当は、食料に対する家計支出を著しく増加させるので、同じ所得水準の世帯と比較してさえ、社会手当を受給する世帯で飢餓に苦しむ人口の比率は低い。

社会手当は、経済発展に好都合な家計支出を促すのである。

●――安全網ではなく跳躍台

このような家計支出の効果は、低所得世帯を苦しめる貧困の罠を断ち切る手助けとなりうる人的資本を蓄積する一つの手段を家計に供給することによって、労働生産性を改善する。

国際的な諸研究は、社会手当が、低所得世帯の参加を促すことによって、どのようにして労働力化率を高めるかを明らかにしている。さらに、社会手当を受給している世帯の求職者は、社会手当を受給していない同じ程度の所得水準世帯の求職者よりも、どちらかといえば仕事を見つけることに成功する人がより多い。社会手当は生活の安定を保障するので、失業してしまった労働意欲のある元労働者は、職探しに没頭することができるのだ。社会手当が保障するような生活の安定がなければ、職探しへの没頭は、あまりにもリスクが高すぎる。とりわけ、成功の見込みが低い場合がそうだ。生活を支える安全網（セイフティネット）を利用できない世帯の労働者は、自分たちのなけなしの資源が、無駄足に終わる職探しで浪費されてしまうというリスクを負うだけの余裕は、とてもてない。そしてこのような不安定こそが、人々を貧困に陥れてしまうのである。

ベーシック・インカム給付は、安全網というよりはむしろ、貧しい人々をより持続的な生活設計に向けて押し上げる跳躍台（スプリングボード）なのである。

●――購買力の貧困層への移転で、国内雇用につながる商品需要が増加

社会手当のマクロ経済的影響は、経済成長や雇用創出を増進させる。それによってさらに社会手当のための資金調達が支えられる。

すなわち社会手当は、より富裕な者たちへの課税が国内の最貧困層に給付される手当の資金となるのにしたがって、購買力を高所得者層から低所得者層へとシフトさせる。

高所得者世帯は、自分たちの所得のより大きな部分を、輸入品あるいは資本集約型技術によって生産された商品に費やす。だが、このどちらの支出パターンも、ナミビアの雇用創出を促進することはない。貧しい人々は、ナミビアで生産された商品、そして比較的労働集約的なやり方で生産される商品の購入に、自分たちの所得のより多くの部分を割り当てる傾向がある。つまり社会手当は購買力を貧しい人々にシフトさせるので、ナミビアで仕事を創り出すような商品の需要は、その分だけ増加する。

ベーシック・インカム給付はまた、社会の安定を強化する傾向があるが、その社会的安定性こそが、持続可能な経済発展の前提条件なのである。

これらの経済効果は、時間の経過とともに、ベーシック・インカム給付金の資金調達の財源を増加させる。家計における福利の向上は、ベーシック・インカム給付金の所得面での貧困削減効果を高め、労働生産性を上昇させ、家計での人的資本蓄積を支援する。さらに、栄養、教育、健康面での改善は、政府の義務的な直接経費を削減させ、さらにベーシック・インカム給付金の資金調達の財源を増加させる。

たとえば、しっかり学校に通い、十分な栄養を取るだけの資源に恵まれた子どもは、いい成績を取ることができるだろうし、そうすれば落第した留年生に伴う政府支出が削減される。このような子どもが、職に就くことができる大人に成長する可能性はより高くなる。そうなると、ベーシック・インカム給付の財源をさらに支えるだけの税金を納めるようになる。

子どものうちに十分な栄養を摂取できていれば、大人になったときに慢性的な消耗性疾患で苦しむことも少なくなる。そうなれば、しばしば政府の義務的な出費を増大させてしまうような病気にかかる人が、著しく減少させられることになる。

さらに、ベーシック・インカム給付が、労働市場やマクロ経済に対して与える影響は、長期にわたる持続可能性を支えることになる。

●――経済恐慌への適切な介入

またベーシック・インカム給付金は、経済恐慌のときには、経済に対する追加的な負担となるのではなく、適切な介入となる。

次節では、発展途上国での経済成長に対する現金移転の影響に関して、最近現れてきた世界各地での経験に焦点を当てる。

第3節 現金移転と経済発展*

●――現金移転による経済成長の促進

最近の事例研究によって、現金移転によって経済成長が促進されることが明らかになった。政策立案者は、社会にとって大事なものを犠牲にして経済成長の諸目的を追求するというジレンマを、必ず抱え込まねばならないというわけではない。むしろ政策立案者は、経済成長を促進するような公平性の強化によっ

* この節は、貧困問題の非政府団体であるPOVNETのために書いたサムソンらとの共同論文をもとにしている。参考文献については、次の文献を参照されたい。DAC Network on Poverty Reduction (POVNET), Promoting Pro-Poor Growth: Social Protection, OECD, 2009 (http://www.oecd.org/dac/povertyreduction/promotingpro-poor growthsocialprotection.htm).

て、さらに公平性が強化されていく好循環を起動する機会を手にしている。

現金移転は、次に示すように、少なくとも9つの道筋をたどって、経済成長を促進する。このようなメカニズムのほとんどは、経済全体の効率性の向上によって、すなわち、よりよい政策や戦略、資源配分の改善（雇用や人的資本開発やそのほかの投資の増大と差別の減少）、そして経済がもつ潜在能力をより効果的に引き出すことを通じて機能していく。

1　現金移転によって、貧困削減成長戦略の特定の要素によってさえ不利益を受ける集団に対して、利益を与えることができる。すなわち、長期的な成長を維持するために必要な改革に対する、利害関係者全員の支持を得るというバランスをとる機能を果たす。

たとえば、ネパールの労働組合は、現金移転が労働市場改革と有効に組み合わせられることが前提条件になれば、公平さと成長との両者を高めることができると認識している。メキシコとインドネシアでは、貧困層に対する価格補助金の削減を埋め合わせるものとして、現金移転が用いられた。

●──現金移転による人的資本開発の促進

2　現金移転は労働者の健康と教育を改善し、労働生産性を上げることによって、人的資本開発を促進する。

南アフリカやラテンアフリカの研究は、とりわけ条件付きおよび無条件の現金移転プログラムと、社会的な健康水準の増進計画との両者の組み合わせによって、健康と教育水準の向上という目覚ましい効果がみられたことを繰り返し報告している。子ども手当（とりわけ現金移転の形態のもの）と就学援助の組み合わせは、学校への出席率を向上させるし、教育はＨＩＶ・エイズ予防にとって唯一の最も効果的な手段である。ＨＩＶの感染率が高い国々（ザンビアとマラウィ）での社会的な現金移転の試験実施地域では、ＨＩＶ・エイズ患者を抱える世帯の貧困の削減に成功した。南アフリカの育児手当は生計の足しになることによって、栄養状態を改善し、教育を受ける機会を増やした。

●——長期的な所得創出と資産確保の可能性

3　現金移転によって貧乏な人々は、長期的に所得を生み出す可能性を追求し、さまざまな打撃から自分たちと自分たちの資産を守ることができるようになる。

エチオピアでは、干ばつによって15年間もの間、世帯収入がはなはだしく減少した。それでも現金移転によって各世帯は、絶望的な方法を取らず、将来の不安を減らすことができた。現金移転によって各世帯は、自分たちの生産財を売ることなく生活のために消費し続けることができる。

4　現金移転はリスクを緩和し投資を促進する。最もリスクが多いが最も生産的な投資の難点は、貧乏な人たちをどん底に突き落とす恐れがあることだ。現金移転によって、人々はこのようなリスクに立ち向かえるようになる。

たとえば、インドのマハーラシュトラ州の雇用保障制度によって守られた農民たちは、近隣の州の農民たちよりも生産量の多い品種の作付けに投資している。中国の農村では、健康状態の悪化に伴う医療費支出の増大による貧困化のリスクが高まっており、農民世帯からの出稼ぎや教育条件の悪化をもたらしている。社会的なリスクの管理が改善することによって、長期的には、貧困層の状態を改善する成長への支えとなる。

5　現金移転プログラムによって、差別と闘い、封じ込められた経済的な可能性を解き放つことができる。

バングラデシュ、ブラジル、南アフリカでは、女性への現金移転によって、少年たちに比べて少女たちが学校に出席する比率が格段に大きくなるという驚くべき結果が生まれている。差別されているものたちに力を与えること（エンパワーメント）によって、直接、差別と闘い、社会の人的資源を活用できるようになる。

とりわけ、男女差別によってＨＩＶ・エイズへの感染に拍車がかかっている場合、女性の手に力と資源を与えることが、子どもの生存率を高め栄養状態を改善し、学校への出席率を高めることにつながる。女性たちが健康で、教育を受けており、自分たちの人生の機会を活用できるとき、子どもたちもまた力強く成長する。女性がそれほど決定権をもたない世帯に比べ、女性がものごとの決定権をもつような世帯では、子どもたちのために使われる資源の比率がきわめて高い。その結果、世帯レベルでだれが現金の移転を管理するのかということが、エイズ対策や貧困の緩和、子どもの生存そして女性と子どもたちの両方へのエンパワーメントにとって決定的な要因となっている。

●──労働市場参加の促進

6　現金移転によって、労働市場への貧しい人々の参加が促進され、より広範囲のエンパワーメントの目的に貢献できる。職探しは、しばしば費用がかかるうえ、危険も伴う。

南アフリカでは、社会的現金移転を受け取る世帯の労働者は、そのような現金移転を受け取らない世帯の労働者に比べて、職探しにより努力し、また成功率も高い。

女性の労働市場参加に現金移転が及ぼす影響は、男性の場合の2倍になる。社会的な健康の保護によって、人々の健康状態が改善し、またリスクへの非効率な対処をしなくなるので、労働の生産性が向上する。それによって雇用と経済成長も促進されることになる。正規の就業形態ではない（インフォーマルセクター）労働者たちが、持続的に劣悪でない労働条件の仕事（ディーセントワーク）に就けるようにするには、どのような現金移転をすればより効果的かということを明らかにする研究が必要になっている。

最近の研究によれば、現金移転の導入によって雇用と起業活動が促進されることが明らかになっている。ザンビアの現金移転試験実施事業では、現金を受け取った人々は、その大きな部分を、たとえば自分の家の周りの土地を耕すなどの目的で人を雇うために用い、その結果、地元の若者たちへの雇用を創り出して、社会的な現金移転の価値を何倍にも高めた。

メキシコのプログレサ（現在の名前はオポルチュニダーデス）という社会的現金移転プログラムによって、住民コミュニティの内部では、現金を受け取った人々だけでなく受け取らなかった人々の間でも、消費が伸び、資産が蓄積され、雇用が伸びることになり、地元経済全体が影響を受けた。プログレサによって現金を受け取った人々は、そのお金を生産的な資産に投資し、自分たちの持続可能な自給経営の潜在力を強化し、起業活動に取り組む例が増えた。

7　現金移転によって地元の財やサービスに対する需要が刺激され、短期的な成長が促進される。

ザンビアでは、社会的現金移転の80％のお金が地元の商品を買うのに用いられ、農村地域の企業への支援となった。南アフリカでは高所得層から低所得層への購買力の移転によって、国内消費の構成が輸入品から現地製品に転換し、貯蓄が増え（貿易収支の改善によって）、経済成長が促進された。マラウィのドーワ緊急現金移転プログラムの社会会計行列分析によれば、現金移転によって住民コミュニティの全体が利益を受ける乗数効果が確認された（乗数は2・02〜2・45と推計されている）。ナミビアでは社会年金による購買力の創出によって、地元市場の発展が促進され、地元の経済活動が活性化した。

しかしながら、どの国の場合でもマクロ経済的な影響は、社会的現金移転が行われるやり方や対象となる集団のなかでの需要のパターンによって異なることになる。

8　現金移転は、社会的な絆を強め、市民としての意識を高め、紛争を減らすことによって成長を促進するので、効率的で安定した国家を創り出す手助けとなる。たとえば社会的な健康の保護は、公平さと連帯という価値に基づいており、人々の間での協力と互恵の絆を強め、したがって社会の安定を促進する。安全で、将来への不安がない環境は、外国人投資家を含む個々人が、投資をするか働くために不可欠である。

たとえば社会年金はモーリシャスでは、貧困層の比率が高い脆弱なモノカルチャー経済からアフリカで最も貧困率が低い高度成長国に転換する際に必要な、社会的な絆を強めた。同様に、ボツワナの社会年金によって、政府は貧困と闘い、社会的な安定をもたらす最も効果的な仕組みを創り出し、高い投資率を促進して、過去30年間にわたってアフリカで最も急速に成長する経済を実現した。

●──労働者、小農民、小企業家の市場交渉力の増大

9　現金移転によって、労働者や小農民や小企業家の市場での交渉力が増大し、弱者へのエンパワーメントと成長が促進される。現金移転を受け取る労働者は、一時的に仕事なしで済ます余裕ができるので、どんな仕事にでも飛びつくということがなくなり、自分の能力を生かすうえでより有利な仕事を選ぶことができる。こうして、より高い生産性を実現し、より高い賃金を支払われる仕事に労働者が就くことができるようになり、それによって潜在的失業が減少し、労働市場の効率が上昇する。現金移転を受け取る小規模生産者たちは、たとえば収穫の時期のように食料市場が供給過剰になって値崩れしたときでも、自分の生活費を得るために、損失を出してまで自分の生産物を売り払うことを余儀なくされることがなくなる。

マラウィの社会的現金移転プログラムでは、現金を受け取った小農民たちは、当面の生活費を稼ぐために出稼ぎに行かず、作付けの準備を整えて自分の畑に投資することができるようになった。現金移転によって貧乏な人たちは、より平等な立場で市場を用いることができるようになり、市場の効率と正当性が高められることになる。

第4節　地域レベルの経済発展

ナミビアでは失業率はほぼ40％である。失業率は農村部で高く、女性と若者たちの失業が多い。地元で起業する機会はほとんどなく、お金がないので地元の住民コミュニティが地元のビジネスを支援することもできず、失敗することが多い。経済成長は大企業にとって有利になりがちである。ナミビアでは、経済成長の主な受益者は南アフリカの大手の食品や衣料のチェーン店、すなわち都市の中心部にあるショプライト、エドガーズ、ペップストアーズなどである。

経済成長の果実は、仕事がないか、低賃金で暮らすナミビアの大部分の貧しい人々の手には入っていない。賃金の格差はますます大きくなり続けている。ナミビア人の大部分は貧しいままであり、わずかな所得では生活できないほどである。ここ数年間私たちが見てきたような経済成長のもとで、ナミビアの貧困層が財やサービスを買って支払う能力すなわち購買力は減少してきた。したがって現在の成長路線は、貧困をなくすというよりも貧困を持続させることに貢献している。

●――地元経済の資金不足による農村地帯の事業不振

公企業や大企業は、農村地帯に興味をもっていない。さらに、地元経済にはお金がないので農村地帯の事業が成功し持続可能になることもない。経済成長によって大企業だけが利益を得ているので、小企業や農村の企業は生き残ることができない。「新経済学基金（New Economics Foundation）」の研究は、２００６年に次のように書いていた。

成長はグローバルなものからローカルなものへ、世界規模のものから人間的な規模のものへ焦点を移すことができるし、またそうしなければならない。もちろん何もかも地元で生産できるわけではない。船舶、飛行機、自動車の製造、さらに鉱物資源開発などは明らかな例外である。しかし、世界中からくる砂糖やTシャツ、テーブルやカーペットを選ぶ必要があるなどとはだれも思わない。生産と消費が地理的に近くなれば、よいことがたくさん起こってくる。

●──オチベロ・オミタラ村での地元住民の多様な技能の活用

ベーシック・インカム給付は、現金所得を貧しい人々の手に渡すことによって経済成長を促進する。オチベロ・オミタラ村の人々は、貧しい住民コミュニティに現金を渡すことによって、広い範囲に利益が及ぶことを示した。貧しい人々は永遠にベーシック・インカム給付に依存するのではなく、受け取ったお金を自分たちの収入源を多様化するために用いることが明らかになった。一般企業からの求人がないところで、人々は自分たちの生計を立て、地元住民のさまざまな技能を活用したのである。

オチベロ・オミタラ村の人々はまた、地元の経済も一国の経済も、それが人々によって動かされるときには、利益が広く行き渡ることを示した。ベーシック・インカム給付は、地元の経済発展を支援し、長年にわたって構造的な失業と貧困のあらゆる要素に苦しめられてきたオチベロ・オミタラ村のようなコミュニティの住民生活の存続を可能にする。ベーシック・インカム給付によって地元住民は、財やサービスの消費者であるだけでなく、生産にかかわる活動に踏み出すことができる。

ほとんどの外国企業とは異なり、地元の企業家たちは、コミュニティの住民たちが必要とするものをよりよく知っている。オチベロ・オミタラ村で作られたドレスは、村で人々が購入するような種類のものであり、レンガ製造業は村人たちが自分の家を改築したいという願いに触発されて始まり、雑貨屋はオチベロ・オミタラ村の人々が必要とする基本的な必需品を提供している。

●――財やサービス購入の多様性と選択権の拡大

かつて村人はオミタラに一軒だけある地元商店で買い物をしなければならなかったが、今では村人は村にたくさん現れた雑貨屋などから選んで買い物をすることができる。

ベーシック・インカム給付は人々が財やサービスを購入する際の多様性と選択権の拡大を促進した。

第5節　結論

オチベロ・オミタラ村でのベーシック・インカム試験実施プロジェクトは、普遍的な所得保障が貧困対策として広範な有効性をもつことを示した。この報告書に含まれる驚くべき事実は、過去12カ月の間に起こった社会的経済的変化の記録となっている。

●――エンパワーメント、生活の安全保障、貧困削減

ベーシック・インカム給付は、単に所得保障制度というだけではない。それによって人間としての尊厳と弱者へのエンパワーメントが強化され、生活の安全保障が提供されるのである。ベーシック・インカム給付は、家計を補助し経済成長と雇用の創出を促進することによって、ナミビアで最も注目すべき貧困削減プログラムとなっている。

ベーシック・インカム給付は開発に対してさまざまな影響を及ぼした。1人1カ月あたり100N$の

給付金はナミビアの農村コミュニティにまで行き渡り、年間9億N$以上の純益を生み出すことになるだろう。貧しい人々はその金額の大部分を地元で生産された財やサービスの購入に費やすことができるだろう。これによって農村地域で雇用を生み出すための実行可能で持続可能な機会が創り出される。人々が常に経済的な不安に直面していれば、起業活動に踏み切ることもできない。したがってベーシック・インカム給付が所得を安定させることによって、人々はリスクを伴う起業活動に踏み出すことができるようになる。

●——経済不況時の基礎的な消費財に対する需要刺激

ベーシック・インカム給付は経済不況のときには過重な負担となることはなく、特に基礎的な消費財に対する需要を刺激する適切な政策的介入となる。

ベーシック・インカム給付は極度の貧困を削減し、貧しい人々のための経済成長を促進する社会的保護の一形態である。全国的に実施されれば、ナミビア政府も参加するミレニアム開発目標の達成にとって大きな助けとなるだろう。ミレニアム開発目標には、極度の貧困と飢餓の撲滅、ジェンダーの平等性の促進、子どもの死亡率の減少、HIV・エイズやマラリアのような病気との闘い、そして環境の持続可能性の確保が含まれている。オチベロ・オミタラ村での実際の成果は、これらすべての分野に渡ってベーシック・インカム給付がきわめて有効であることを示した。

ベーシック・インカム給付だけではナミビアのすべての社会的経済的問題を解決することはできないけれども、実質的に大きな貢献ができることは確かだ。オチベロ・オミタラ村で起こったことの一つは、生活のために若い女性が男性に依存することが少なくなったことである。ベーシック・インカム給付によって、女性は自分自身のセクシュアリティをコントロールする手段を得ることができ、売春によって生活する必要がなくなったのである。

●——資金調達ではなく、政治的意思が問題

ベーシック・インカム給付のために必要な費用は、国民総所得の2・2～3・0％という巨額なものになることは疑いない。この報告書で試算したように、ナミビアは、国家財政の安定性を脅かすことなくそれだけの資金を調達する能力をもっている。それどころか、時が経つにつれて、ナミビア経済の長期的な成長が促進されることによって、ベーシック・インカム給付への資金調達は、ますます容易なものとなるだろう。付加価値税や所得税を若干手直しするか、あるいは天然資源の採掘量を値上げするか、あるいは予算の優先順位を変えること、もしくはそれらの組み合わせによって、ナミビアはすぐにでも全国規模のベーシック・インカム給付を始めることができる。

このように、ベーシック・インカム給付の実現にとっての問題は、もはや政治的意思だけである。

第2部

学生たちと訪ねた
ベーシック・インカムの現場

ナミビア、ブラジル、インド、アラスカ、イラン

著者から読者のみなさんへ

ここに収録したのは、筆者が勤務する法政大学社会学部で担当する「演習」授業で受講生とともに企画した最近のゼミナール海外研修旅行報告書のうち、筆者が執筆した部分だ。費用はかなりの額でしかも自己負担なので、希望者のみの参加としている。奨学金に加えてアルバイトで学費を稼ぐ学生もいて、毎年、参加したくてもできないゼミ生がいる。そこで参加者は分担して報告書を書き、参加できなかった学生に伝えることになった。筆者は担当教員として、全体について自由に書くことになっている。学生諸君にすっとわかりやすく伝えることを念頭に書いているので、文体が「若者調」のようになっているが、ほとんど修正していない。なお写真は、旅行に同行した人たちから提供していただいた。第1部に記した最初の翻訳に参加してくれた人々のほか、関口雄貴、管井洋祐、渡邊皓太、滝口瑠美、礒邉由紀のみなさんに感謝したい。

ゼミ海外研修旅行は1990年代半ばからなのでほとんど20年になる。フィリピンのミンダナオ島を皮切りに、開発、人権、環境、先住民族、NGOといったテーマで、現地の問題と真剣に取り組んでいる人と会い、現場をみせてもらうことを中心に、現地学生との合同ゼミや交流プログラム、踊り体験、観光地見学などを交えながら、韓国、シベリア、モンゴル、ウズベキスタン、ベトナム、ラオス、カンボジア、マレーシア、バングラデシュ、ラダック（インド）、エチオピア、グアム、ソロモン諸島、マーシャル諸島、ペルー、メキシコ、キューバ、アメリカ（アルバカーキとニューヨーク近郊の先住民族居留地）などを訪れた。参加学生たちが現場と人々との出会いのなかでどんどんたくましくなっていく姿がなんともおもしろく、ここまで続いてきたのだと思う。

どんな事故があっても保険でカバーし、大学を訴えませんという念書を保護者からもらうのだが、学生たちの希望で行先がパレスチナ占領地やレバノンの難民キャンプになったときは、「かんべんして」という当時の学部長からの要請もあって研修旅行とせず、NGO主催のスタディツアーへの自由参加としたこともあった。しかし、なるべく費用を抑えるために学生が中心となって企画する、格安航空券と安宿の貧乏旅行スタイルが定着してきた。

ここに収録した最近のベーシック・インカム関係の現地訪問もそのようなスタイルだが、同時に、筆者自身の現地調査や学会報告などに同行するという側面が生まれてきている。世界のベーシック・インカム研究者のなかでも、ナミビアやインドの実験村での宿泊も含めて、これだけ広く現場を訪れた例はない。それだけに、この訪問記は、インタビューや観察によって得られた貴重な記録を含むだけでなく、他地域との比較による考察もあり、興味深いものとなっていると思う。

1 ナミビア　２０１０年8月31日～9月17日

人の助けになることがしたくって

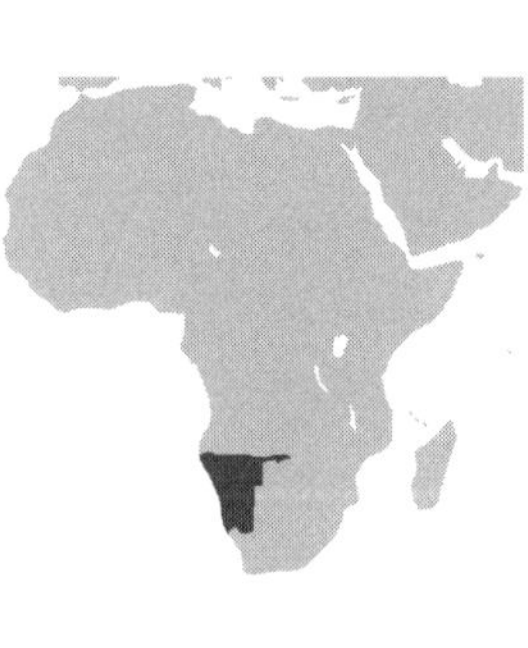

ナミビアとナミビア実験そのものについては、本書の「はじめに」と合わせて、第1部の評価報告書をごらんいただきたい。

報告書には書かれていないこととして、村での自発的なコミュニティ委員会（ベーシック・インカム委員会：BIG Committee）への参加動機、報告書出版後に白人経営の雑貨屋が村人の雑貨屋との競争に負けて閉店に追い込まれたこと、さらに訪問時に起こったナミビア労働組合連合でのベーシック・インカムをめぐる指導部と一般組合員との意見対立などが注目されよう。そのほか、社会的、文化的、歴史的背景、南部アフリカ全体での文脈などへの観察も、ナミビア実験の理解に役立つだろう。

●──小さな村の大きな第一歩

アフリカ大陸の南端にある南アフリカ共和国の北側の西海岸に隣接する国ナミビア。その首都ヴィントフックから東へ100キロ。ゼミの学生を中心とする総勢11名で世界初のBIG給付実験が行われた人口1000人の村、オチベロ・オミタラ村へと車を走らせた。BIGとは、すべての個人に無差別・無条件に毎月最低生活保障の可能な現金を給付する Basic Income Grant（ベーシック・インカム給付）の略語である。

東隣の内陸国ボツワナやジンバブエとナミビア西岸にある大西洋の港湾都市を結ぶ国際幹線道路は、果てしなき地平線のサバンナを東方に向けて切り裂く。巨大なトラックやトレーラーと頻繁にすれ違う。道路の周辺は、ヒヒやイノシシ、シカ系の野生動物たちが車に激突するのを防ぐために、草が刈り込んであり、両側に続く草原には、針金の柵が延々と続く。

だが、その草原のほとんどは、人口の6％ほどを占めるにすぎない白人の地主の土地であり、その針金は、先住民であるアフリカ系黒人の立ち入り禁止を示す柵でもあるという。19世紀末からこの地を植民地にしたドイツ系白人あるいは、第一次世界大戦後にドイツからナミビアを奪ったイギリス、それを引き継いだ南アフリカ系白人の地主たち。1990年に南アフリカが撤退し、厳しい黒人差別のアパルトヘイト政策が廃止されてナミビアが独立して20年になるが、かつて奪われた土地はそのままなのだ。その幹線道路を途中で北へ曲がり、やや北上したところにその村があった。

●──100ナミビア・ドルって？

日本を出発する前に千葉の海浜幕張まで行って、アジア経済研究所の南アフリカの専門家からお話を聞かせていただいた。「100ナミビア・ドル（N$）って、南アフリカの100ランドと同じだから、とても少ない額のはずよ。ほんとうに生活保障できるほどの額なのかしらね」と専門家。

南アフリカのケープタウンのドミトリーの安宿1泊130ランド。通りのファーストフード格安朝食セット20ランド。レストランに座れば、すぐに100ランドが消える。1ランド＝14円くらい（円高になって10月には11円くらいに！）なので、そんなに日本と変わらない物価。ナミビアでは、南アフリカのランドがそのまま通用し、物価もほぼ同じ（南アフリカでは、ナミビア・ドルは受け取ってもらえない）。100N＄って、1400円にしかならない！

●──飢餓線127ナミビア・ドル

そんなわずかなお金が支給されたからといって、ほんとうに役にたつのだろうか。私たちは頭の片隅にその疑問を置いたまま、村を訪ねたのである。そして村の人たちに会って、役にたっていることがよくわかった。

実は、ナミビアの首都ヴィントフックを後にする最後の日に、本書第1部の報告書の筆者、ドイツ人牧師であり、実験を進めた教会や労働組合やNGOなどからなるBIG連合の中心人物の1人であったディルク・ハーマン氏をインタビューする機会にめぐまれた。ある学生が「村を訪ねてみて役に立っていることはわかったけど、ベーシック・インカムの考え方に沿うような最低生活保障は、1人100N＄では無理ではないか」という質問をぶつけた。ハーマン氏いわく、「いい質問！　レポートにもあるけど、貧困線よりも下の、飢餓に陥らないぎりぎりの線が、1人127N＄なんだ。だから、100N＄だと、飢えてしまう。でも、ナミビアでは、貧乏人は小家族じゃないよ。みなさんも村で見たと思うけど、狭い所に10人くらいはひしめき合って暮らしている。1人では飢えるけど、たくさんでいっしょに暮せば、食料も無駄にならず、規模の経済の原理が働いて、100N＄でもぎりぎり暮せるんだ。ほんとうに微妙な、最低のラインだね」。

トタン板とテントの切れ端で作った家がずらりと並ぶナミビアの実験村の家並み。

●──村のBIG委員会は自主的なもの？

さらに別の学生が質問。「報告書には、実験を進めたBIG連合が村の委員会を作った、って書いてあったと思うんですが、委員をどうやって選んだのでしょう？」。ハーマン氏はこう言った。「BIG連合が作った？　あれ、そんなこと書いたかなあ。いや、それはないはずだよ。絶対ないね。だって、BIG連合の会議で、村のサポート委員会を作ろう、なんて話が出て、議論のすえ、却下されたんだもの。今回の実験は、政府が全国でBIGを導入できるかどうかの社会実験。全国の村にサポート委員会を作るなんてことは、政府にはできっこない。だから、全国の村でやるのと同じ条件にしよう、ってことで、そういう介入はしないことになったんだ。こっちは何も言わないのにできちゃったんだよ。あの委員会は。でも、ほんと、あんな委員会ができたことが、BIGの最大の成果かもしれないね」。

●──あの村は、わたしの教区のガンだ！

あの村のことを知れば、みなさんもたぶん、BIG委員会ができたことのすごさが納得できるでしょう、とハーマン氏は続けてこんな話をしてくれた。

「あの村は、まわりの白人農場主たちからは、犯罪者の巣窟っていわれていたんだ。村人のほとんどは、まわりの白人の農場に雇われていた人たち。それが、年をとったり、人がいらなくなったり、労働態度がよくないなどの理由でクビになり、ダムの近くの国有地に住み着いたのが、あの村の起こりなんだ。ほんの十数年前のことだよ。まあ、20世紀の初めの植民地化で黒人の土地を奪って、その後のアパルトヘイト政策で偏見を叩き込まれた白人農場主が、黒人のことを犯罪者よばわりするのは、しかたないかもね。でも、私たちの教会（ルーテル教会＝ルター派キリスト教会）のあの地区担当の牧師にこの実験の話をしたら、こう言われたんだ。『え？　あんなところで？　あの村は、私の教区のガンなのに！』『ガンだとはひどいじゃないか、それじゃ、まるで、切り取って捨てるしかない人たちだっていいたいわけ？』と、その牧師さんに抗議したよ。そしたら、牧師さんは言った。『残念ながらそのとおりなんだからしかたがない！』と。そんな村だったんだ、あそこは。そんな村の人たちが、自分たちで、村の自治組織のようなものをつくりたい、っていうことになったんだから、驚きだよ」

私たちにとってもそれは驚きだった。豊かではないけれど、のんびりとして明るく、あけっぴろげな村人の笑顔にそんな過去があったとは。

●──自分たちは、見捨てられてはいない！

「自分たちの村は、自分たちは、世界から見捨てられてはいない。世界をつくる大事なひとりひとりとして、毎月、お金を受け取れるんだ。そういう、個人の尊厳が認められてるっていう意識が、なんだか、人々を勇気づけたんだね。プライバシーのこともあるので、今のように実名を出したり、家のなかまで訪問者に見せることはしないはずだった。でも、村人のほうから、ぜひ見てくれ、知ってほしいと言い出した。みなさんも見せてもらったでしょ」とハーマン氏。

そう、私たちは、3人ずつのグループに分かれて、BIG委員の案内で、おんぼろのトタン板で四方を囲い、屋根のトタンに石をのっけただけの、ホームレスの仮小屋そのもののような村人の家のなかを見せてもらった。私が見た家は、戸口に座って手仕事中の女性の後ろに、バラック式の小屋には不似合いなつけっぱなしのテレビ（銀色のかなり新式のやつ！）。左奥の寝室には大きめのベッドに衣類があちこち。右奥の部屋はベッドというか、高めのスペースに、やはり寝具のようなものが。

●――発端

村訪問の場面に戻ろう。村に入って、まず、大きな木の下の村の広場で、BIG委員会の村人たち8人ばかりとあいさつし、お互いに自己紹介。そこで、実験の発端の話を聞いた。実験村の選定は、BIG支給金目当てで村へ移住する人が現れるのを避けるために、極秘裏に行われた。BIG連合の代表になっているルーテル教会のナミビア最高位の聖職者カミータ主教とBIG連合のメンバーが、突然、村へ。そして、この木の下で、村人全員に集まってもらい、BIG実験について説明した。次の3つの条件を示したという。

1　実験は、2年間だけ。
2　本日登録した村人にだけ支給。
3　実験結果は、全国レベルのBIG導入のために役立てるので、村人は、報告書のための調査に協力する。

村人全員の一致で条件受け入れ合意がとれるや否や、すぐに、支給者登録が始められ、その日のうちに終わったという。村人総勢9百十数名。2007年12月のことだ。

●――成果

この1000名弱の村人に毎月支給された100N$。それによって、とにかく、この村は元気になった。詳しい内容は本書の第1部にあるが、そのポイントは3つだ。

第一に、村人の体が元気になった。栄養失調の子どもが劇的に減少した。ナミビア全体もそうだが、この村にも多いHIV・エイズ患者を始め、慢性疾患の患者たちが、村の診療所に薬を求めに来るようになった。

第二に、村の経済が元気になった。村人が依存していた、白人農場主が経営する店は、報告書の段階では売上激減だったが、その後つぶれてしまった。村人が、小さな雑貨店や酒屋を次々と開設したからだ。BIG連合に対してこのことで苦情を言いに来た白人農場主には、「自由競争だからしかたないね」と言ってやった、と、先のハーマン氏。村を歩けば、あちこちに、雑貨店兼酒屋、靴修理屋、パン屋、仕立屋の看板。さらにベーシック・インカムをきっかけに始めたというレンガ造りのおじさんが、家の前で泥の塊を積み上げている。

第三に、村人の心が元気になった。村で話される5つの言葉をしゃべる老若男女からなる20名ほどのBIG委員会ができて、飲んだくれや無駄遣いを防ごうという機運。もちろん犯罪数も減少。小学校中学校に通う子ども増加。幼稚園までできた。

●――BIG委員会に参加した理由

村を案内してくれたBIG連合事務局長のウフルさんは、村のBIG委員会の女性委員たちへのインタビューの機会を作ってくれた。そろそろ時間だというので、最後に「みなさんそれぞれが、委員会に参加し

村の集会所になっている大木の下でBIG委員会の人々とあいさつ。女性も多い。

た理由は何ですか?」と聞けば、こんな答えが返ってきた。

「わたしは、BIGのプロジェクトが始まった後で村に来たので、受給者ではないけど、村の人のためになることがしたくって」

と言ったのは、最年少で二十歳くらいの女性委員。

「わたしは、BIGのお金で少し余裕ができると、村人たちがそれを無駄に使ってしまうのが嫌だった。それで、役に立つお金の使い方がわかるようにしてあげたいと思って。何かほかの人の助けになることがしたいの」

と、続いて答えてくれたもう少し年長の女性委員。

「わたしは、首都ヴィントフックで働いた経験もあるし、何か役に立てればいいと思って」

こちらは、インタビュー会場となった酒屋兼雑貨店主の34歳独身女性。三人三様に、人の助けになることがしたいという。人が生きる喜びの単純な真理を口にする女性たち。人間って、捨てたもんじゃないな、と思うと急に目頭が熱くなってくる。

●——大統領の心は変えられなかったが

村での実験は、2010年1月には終了した。実験を進めたBIG連合は、それまでには、政府に対して、国レベルでのベーシック・インカム導入を決断させるつもりだった。しかし、「IMFや世界銀行の人も、ただでお金を配るのはちょっと、と言ってるし、私もそう思う」というナミビア大統領の心を変えさせることはできなかった。大統領は村を見に来ることさえしなかったという。では、実験後の村人たちは、再び、あの貧困に戻るのか。

BIG連合は、かつての植民地支配国だったドイツや、全世界に訴えて実験のために集めた募金を勘定し、1人1カ月80N$に減額すれば、2011年の12月までは、支給継続が可能だと判断した。

私たちが訪問した2010年9月、村のBIG委員会の女性たちは、「首都に行って、大統領を説得するのよ！」と、不安を交えて興奮気味。「ほんとうに貧しかった村人のなかから、りっぱなコミュニティ活動家が育っていて、すごい！　コミュニティ開発でいうエンパワーメントっていうやつですね！」と、ウフルさんに言えば、彼は、ニコッとして、「そうさ、これからやっと普通のコミュニティ活動が始まるのさ！」。

●——ベーシック・インカムへの批判と大衆の支持

ウフルさんは、ブラジルで行われたベーシック・インカム研究国際学会で出会ったルーテル教会のカミータ主教から紹介され、われわれのナミビアでの調査・研修旅行をアレンジしてくれるはずであった。が、日本からメールを出しても、返事が来なくなるときがよくあり、やや心配な人だな、と思っていたら、やはり、われわれのナミビア到着後に連絡が取れなくなり、ほぼ3日間、教会が運営する首都郊外の宿に放置されるはめに……。ようやく会えて、でっぷりと太ったウフルさんと話すうちに、いろいろわかってきた。とにかく忙しい。

ベーシック・インカムで購入したミシンでドレスをつくる村の女性。

彼のケータイは、私たちを案内する間、ほとんど鳴りっぱなし。不審そうなわたしの目に、「申し訳ない！　大事件が起こっていてね」。

なんでも、ナミビアのＢＩＧ連合を支える５つの全国組織（ルーテル教会、ＮＧＯ連合、青年組織連合、労働組合連合、エイズ対策組織ネットワーク）のうち、労働組合連合が、ＢＩＧ連合を脱退したという。それが１週間前の話。ところが、組合の大会で、その方針を決めた執行部批判があいつぎ、今週になって、その執行部が辞任。脱退方針は撤回されたという。

辞任した執行部のＢＩＧ連合脱退理由は、ベーシック・インカムのような生ぬるいものではなく、土地改革こそが貧困対策に必要なのだ、ということらしい。執行部批判の多数意見は、これに対し、白人財産の接収を禁止した憲法の規定があって、徹底的な土地改革の実現が憲法で禁止されている以上、土地改革には憲法改正に必要なとてつもない時間がかかる。それまで、仕事がなくて貧しい、自分たちの家族や親族、友人は、どうやって生きていけばよいのか？　ベーシック・インカムこそ、植民地主義とアパルトヘイトの遺産で苦しむ黒人社会の大多数を救うために、いま、労働組合が取り組む課題ではないか、というものだった。

ウフルさんの前任者のハーマン氏は、「これは、革命だよ！」と高く評価する。ベーシック・インカム導入推進に反対した組合執行部の見解は、ラディカルな改革のスローガンを言いながら、「タダで金をやれば、怠け者になる」として、全国的なベーシック・インカムの実施に強硬に反対する大統領の姿と重なるという。それに対し、執行部批判の議論のなかからは、「労働組合のリーダーだけでなく、ベーシック・インカムに反対するような大統領もやめろ！」「ＢＩＧ連合の議長で、ベーシック・インカム推進のルーテル教会のカミータ主教を大統領に！」という声も出たという。

●——南部アフリカで高まるベーシック・インカムへの期待

ナミビアの労働運動を動かしたベーシック・インカム推進の波は、新自由主義政策の受け入れと、世界的な不況により、飢餓と貧困に苦しむ南部アフリカ全体でみられるそうだ。

われわれの訪問中に起こったモザンビークの食糧暴動（自由市場の食料価格の値上がりに反発する人々の暴動で、政府が値下げの価格統制を発表しておさまる）は、南アフリカのスラムにも飛び火し、打ちこわしにあったスーパーには、「ベーシック・インカムを！」という殴り書きも見られたという。

南アフリカでは、かつてアパルトヘイト廃止直後に、ベーシック・インカムの導入世論が盛り上がった。だが、かつての獄中闘争のリーダー、ネルソン・マンデラ率いる政治組織アフリカ民族会議（ＡＮＣ）は、対抗する自由主義的な小政党がベーシック・インカム支持に回ったこともあって、導入を拒否し、しばらく、ベーシック・インカム熱は冷めてしまっていた。

しかし、南アフリカの労働組合連合（ＣＯＳＡＴＵ）は、そのとき以来、ベーシック・インカム要求のスローガンをもち続け、ＡＮＣでも、導入の声は高まっているという。さらにノーベル平和賞受賞者のツツ聖公会主教は、「ベーシック・インカムが実現しないなら、アパルトヘイトは持続しているのと同じだ。真実

オチベロ小学校の校庭で遊ぶ村の子どもたち。制服を着ていない子もいる。

日本の学生と村の若い女性たち。村の集会所の大木の下で。

和解委員会の努力は帳消しになってしまう」とまで語ったという。

アパルトヘイト政策のもとで権力者側についた人々の暴力的弾圧の罪を問わないかわりに、真実を証言して正義を誓わせ、国民の和解を追及した真実和解委員会。それを推進した中心人物のツツ主教がそこまで言ったとすれば、事態は深刻。ナミビアのあとに立ち寄った南アフリカのケープタウンで見た貧富の格差は、ナミビアと同様にすさまじいばかり。たしかに、アパルトヘイトは、いや、ほとんど500年の歴史をもつ植民地支配の歴史は、いまだに続いている。

●――ジンバブエの失敗

「実際にナミビアに来てみて初めてわかったけど、植民地支配は、いまでも続いているのですね。白人に取られた土地が取られたまま。でも、土地を取り返すのに、ジンバブエのようにやれば、大混乱になるし」と、ＢＩＧ連合現事務局長ウフルさんに水を向けた。

ジンバブエもかつてローデシアと呼ばれたアパルトヘイトの国だったが、アパルトヘイト廃止後の黒人大統領が、政治的失策をカバーするために黒人による白人農場の占拠と白人財産の接収を扇動して暴動になり、経済の中枢を占めていた白人が次々と国外脱出。国際的非難と制裁を受けて、ジンバブエ経済は破たん。リヤカーに札束を積んで買い物にいくほどのスーパー・インフレ。

「うん、あれはひどかった！　意図はいいのだけど、やり方が完全に間違いだった」とウフルさん。ジンバブエの失敗を見ている南部アフリカの人々は、土地改革が簡単ではないことをよく知っている。だからこそ、土地がなくても食っていけるベーシック・インカムに、植民地支配の継続からの脱却の道を見出したのではないだろうか。

●——政治犯収容所へ

昼飯を食べる間もなく、実験村を後にしたのはもう3時過ぎだったと思う。次に立ち寄ったのは政治犯収容所である。実験村に向かう車のなかで、ウフルさんが高速をぶっ飛ばしながら、「ほら、あそこを右に入っていくと、政治犯の収容所だ。あとで寄ろうね」と言ってくれていたのだ。「政治犯？ アパルトヘイト時代のかしら？」と私が聞くと、「もちろんそうだよ。今はもうない。俺はあそこにいたんだ」とのこと。

「ドイツ人墓地」という標識のある道を行き、舗装の途切れる道が小高い丘に登るどん詰まりに、鉄条網を張った金属の柵の門が見えた。

「丘の向こうの墓を見てくれ！ ドイツ人入植者の墓は今でもあのとおりだ。しかし、この土地に住んでいたわれわれ黒人の先住民族の墓は、いまだに白人入植者の農場の柵のなかだ。最近、先祖の墓に埋葬したいというこの地区の先住民族からの申し出があったが、外国に住む白人地主から拒否された。住民たちは納得せず、主教に訴えて、係争中だ」とウフルさん。

顔見知りらしいおじさんがなかから現れて門を開けてくれる。「この建物が政治犯収容所だ。僕は17歳で、高校生だったけど、学生自治会の役員をしていて、アパルトヘイト反対、ナミビア独立を求めるゼネストを労働組合などといっしょに実行しようと自治会連合を結成したんだ。それが盛り上がったので、ストをやってる高校に軍隊が乗り込んできて、片っ端から逮捕された。目隠しをされて、中心的活動家だけが、ここに連れてこられた。お前は何歳だ？ と言われて、17歳だ、と答えると、いきなり張り飛ばされて床にたたきつけられた。今とは違って、ぼくは、背が高くひょろっとしていたので、嘘だと思われたんだ。ははは。そのあとは、パンツだけの裸にされて、ほら、あっちの建物に放り込まれた。冬だったのでほんとうに寒かった。死ぬかと思ったね」。

その建物から突然、妊娠した女性と子どもが現れた。「あれ、今はここは？」と聞けば、「不法入国者の収容所なんだ」。

●——学生運動

1990年のナミビア独立、アパルトヘイト廃止後、ウフルさんは、高校から大学に進み、学生自治会連合の活動家として大活躍。「あのとき捕まった仲間たちは、ほとんど政治家になって、閣僚や大臣になったね。でも、ぼくはNGO活動家の道を選んだ。なぜかって？　はは！　政治家につきものの腐敗がいやだからさ！」。

反対運動に参加して弾圧された被害に対する補償金はもらえないのかと問えば、「もらえるけど、僕は、NGOに就職できたから、もらってなかったんだ。殺されたり、障がい者になって仕事がない人もたくさんいるからね。国のお金なんだから、そっちに回したほうがいいでしょ。ところが、先日、閣僚になってすごい給料をもらう友人たちが補償金をもらっていることを聞いて、驚いたね。僕も申請しようかと考えてるところだ」。

そんなウフルさんの姿勢は、今の学生運動活動家たちにも有名のようだ。首都にある立派な青年会館で若者組織との交流会が開かれたのだが、日本からやってきたゼミの学生たちが、「普通の学生」で、なんの組織も代表していないことでナミビアの参加者は拍子抜けしたようだった。20人ほどいたナミビアの参加者はみな学生自治会の役員や、自治会連合の役員。日本では学生自治会はほぼ壊滅で、一部では残っていても、普通の学生からは「変な人」とみられる。就職には不利になるのでみんな近づかない。そんな話を聞いて、ナミビア側リーダーが、「ナミビアでは、むしろ有利なのに！」と言えば、ウフルさんが「俺以外はね！」と茶々を入れて、大爆笑。革命後の出世の道を拒否して、あくまで民衆の側に立って闘い続けようとするウフルさんを見る学生活動家たちの温かいまなざし。「参加者があんなにたくさん来るとは思わなかったよ。

まったく違う世界のことを知るって、いいことだよ。ありがとう！」と、帰りの車でウフルさんは言った。

●──貧困者教会

ＢＩＧ連合の重要な構成組織であるルーテル教会の日曜礼拝に参加したい、という私の望みに、ウフルさんが連れていってくれたのが、郊外の山の上の教会だ。むき出しのコンクリートのひょろ長い体育館のような建物が、ほとんど木のない山頂にそびえる。その周りは、一面のスラム。不法占拠住民が作ったトタン板で四方と天井を囲み、屋根に石を置いたバラック。実験村で見たものと同じ造りの小屋が、あちらのピーク、こちらのピークと見渡す限りの草地となっている山肌にへばりついて、点々と、しかし全体としてぎっしりと迫ってくる。

「君たちの宿の近くにも教会はあるけど、あんな金持ちの教会は嫌いだ。貧乏人ばかりのこの教会を見せたかったんだ」とウフルさん。バラックから一張羅を着て着飾った人々、杖をついた老人、赤ん坊をかかえた女性が次々に出てくる。

徒歩で教会に向かう貧しき人々に、土煙を浴びせて車で追い越すのが申し訳ない……と思っているうちに、車はすぐにピークを登り切り、教会に到着。

なかに入ると、歌の殿堂。あちこちに座った男声、女声が自然にきれいにハモって数百名で讃美歌のアカペラ合唱。集会は歌で進行しているのだ。「君たちのことを紹介するし、ぜひベーシック・インカムのことをしゃべってね！」というウフルさんの求めに応じて、「世界的な実験の成功を聞いて、日本から駆け付けました！」と英語で演説。

ウフルさんは、それをこの地域でいちばん通じる、舌打ち音（クリック・サウンド）をもつダマラ・ナマ語に翻訳してくれた。

●――カミータ主教に聞くベーシック・インカムの展望

ベーシック・インカム実験の成功が、国際的に有名になっていることをナミビア国民と大統領たち政治家に知らせ、導入を促進したい、ということは、すでに2児の母となっているカミータ主教の娘さん（今は旅行会社をやっていて、首都の1日観光につきあってくれた）も強調した。

独立前、彼女が小学生だったころ、アパルトヘイト反対運動の中心的活動家だった父であるカミータ主教が、テロリストとして指名手配され、そのビラをもつクラスメイトにいじめられたこともあった。そのあと、父は捕まり、半年ほど牢屋に入れられ拷問されたという。

その主教の事務所で、主教に独占インタビューした。主教とは、先述のように2008年6月にブラジルのサンパウロで開催されたベーシック・インカムの国際学会で出会い（彼はナミビア実験村についての報告、私はグローバル・ベーシック・インカムに必要な資金の試算について報告）、ナミビアの実験村訪問を快諾してもらって以来の再会。最後の日には、小学生くらいの2人の孫もいっしょにサファリ公園に行き、ライオン・フィーディング付きのディナー・パーティーも開いてくれた。

「どうして牧師になろうとしたのですか？」とディナーの席で主教に聞くと、彼はニコッとして、半生を語ってくれた。「アパルトヘイトをなくしたかった。そんなときに、ラテンアメリカの解放の神学のことを聞いた。これだと思ったね。アパルトヘイトをなくすには、神学の勉強をするしかない、と思ったんだ」。そして、神学の大学に行き、ドイツにまで留学して博士号をとり、ルーテル教会では初めての黒人主教となった。

そう、この人は、最初から、黒人を差別して支配するアパルトヘイト政策のある社会の仕組みを変えたい、という確信犯の革命家だったのだ。そんな彼を受け入れて育てた、神学の世界って、すごい、と思えば、彼が釘をさす。「教会のなかでも、アパルトヘイトに反対の人ばかりではなかったからね。ずいぶん大変だったよ」。

主教はインタビューの最後に、学生の質問に答えて今後の展望を語った。「アパルトヘイト政策は廃止されたが、経済の仕組みはそのままだ。残念だが、政府は腐敗している。ベーシック・インカム実験は大成功。貧困にあえぐ民衆は、お金の使い方をよく知っていることが証明された。ナミビア経済には、ベーシック・インカムを民衆に配るだけのお金はあるし、政府にも、その力はある。民衆の力で、政府にこの事実を認めさせ、全国的な導入を決断させることが今の課題だ」。

噛んで含めるような語り口。「深刻なのは土地問題だ。黒人大衆が、日々の生活のために薪を集めてくる森も、先祖の墓も、白人入植者に奪われ、柵で囲われたまま。そのなかに入ると、逮捕されるありさまだ。そんな郷里を後にして、町に出てきても、恐ろしいスラムの生活だ。私も多くの土地問題にかかわっているが、もう、とても平和的には解決しきれないほどだ」。

●――元首相専属運転手

アパルトヘイト廃止・独立後の政府の腐敗、土地問題の未解決という認識を示したのは主教だけではない。私たちが移動する際にタクシーがわりにお金を払って利用していた車の運転手さんも同じ意見の持ち主だ。年齢は70歳過ぎ。教会が運営する私たちの宿に併設された老人ホームに車で通ってきていた。宿が郊外にあるためどこに行くにも車が必要だった私たちは、彼に車の運転を頼んだのである。静かな運転がとても手慣れていたので、その理由を聞くと、首相専属の運転手をしていたことがあったという。彼はアパルトヘイト撤廃・独立の武装闘争に参加したそうで、「自由の闘士（Freedom Fighter）だよ」と胸を張る。「いちばん悔しいのは、小学校がいまだに無料じゃないことだ。わずかな額だから払えというが、貧乏人は、実際に小学校に行ってない。これじゃ何のための革命だ！　今の政府は、白人にそれほど土地を取られなかった北

首都スラム地区の路上販売。

のやつらが多くって、おれたち南の出身の者にとって深刻な土地問題には取り組まないのさ」。

●――不思議の観光ガイド

主教の娘さんが連れてきた1日市内観光のガイドのお兄さんは、われわれを教会に案内してこう言う。「そう、りっぱな教会だ。みんな、貧乏人からお金を集めて造られた。貧乏人は、お金を差し出す。教会はどんどんりっぱになる。貧乏人はどんどん貧しくなって天国へ行く。植民地時代からそうだ。みんなどう思うかな？　あっはっは」。ちょっと言いすぎじゃない？　というふうに顔をしかめて見せる主教の娘さんに、ニタッとしながら、とにかく陽気だった。

大学は工学部を出たというが、「歴史は、ほんとうにおもしろい！」と。貧乏人の不法占拠地域に入り、道路際の物売りの列を見ると、「貧乏人の食事を試してみたいだろ？　さあ、行こう！」と、車を止め、ぞろぞろと。背後のスラムのバラック群から砂埃が舞い上がるが、かまわず鍋のふたをとって、見せてくれる。「これが、典型的な丸い揚げパン。お、これは、ヤギの頭だね。みんなで少しずつ味見しよう！」と買ってくれる。冷えた揚げパンは、味気なく、ヤギの頭は、ゴムのような面の皮に砂埃が混じって、ざらざら。「うまい！」といってヤギの頭にかぶりついた学生のT君は、後でおなかをこわして散々な目に。カメラをもって別の物売りの鍋をのぞいていた同行学生のMさん、「ねえ、わたし、買えっていわれたので、お腹いっぱいだし、いらないっていったら、『私はお腹がすいてるの！』って、叱られた！」と泣きそうな顔。

●——宿のSさん

南アフリカ生まれの黒人で、ボランティアとしてすでにナミビアに3年間住んでいるSさんは、われわれが滞在した教会の宿の管理人だ。まわりのナミビアの黒人のお兄さんたちとまったく見分けがつかない。おそらく子連れで再婚した彼の母親の相手は、南アフリカのかなり裕福なユダヤ系白人。

「俺は、ユダヤ人として育てられたし、ユダヤ人だ。毎年イスラエルにも行くよ」と。さらに、「ナミビアのやつら、大嫌い！　ほんとにアフリカ人だよ、こいつら。時間守らないし。俺は南アフリカの大学を出て、ドイツでもアメリカでも勉強した。もうそろそろここを出るよ。たくさんだ！」と。

「南アフリカの傑作ビデオを観るかね？」と誘う彼の部屋で観賞会。とても有名だという白人のお笑い芸人が、黒人に変装して、事実上白人専用になっている会員制ゴルフ場に登場し、「ほう、俺の国ジンバブエじゃ絶滅した種属がいるね！」などとさんざん白人を挑発し、白人のおじさんが殴りかかったところで、カメラクルーが登場。白人お笑い芸人が身元を明かして、肩を組んで抱き合ってみんなで笑う、というもの。黒人の失業者、浮浪者、不法占拠バラック住民などをネタに、政治権力を失った白人社会の人種偏見を、白人芸人が徹底的に笑いのめすという趣向が次々とあらわれた。

●——ケープタウン

日本に帰る前に、私たち一行はケープタウンに立ち寄った。ナミビアまでの飛行機は高いので、東京からケープタウン行きの飛行機に乗り、ナミビアまでは、夜行バス（というより片道20時間の1日バス）で行ったのだ。もちろん帰りも同じ経路である。サンパウロの学会で知り合った南アフリカの研究者のつてで、ケープタウンの観光名所とタウンシップ（貧民街）・ツアーに出かけた。

町ではさまざまの顔が入り混じっても、住宅となると、アパルトヘイト以来の、白人、カラード（インド、マレー、中国、混血系）、黒人それぞれの居住地差別がほぼそのままになっていることを確認。ナミビアよりは整備されているが、ずっと密集した黒人の不法占拠住宅群。そこには、イベントのときに設置されるような、簡易共用トイレがずらっと並ぶ。そんなトイレでさえ、最近のスラム改善政策でようやく設置されたとか。

われわれが宿泊した、繁華街のバックパッカー向け安宿の2階にあるパブの警備員は、コンゴ難民だった。内戦を逃れて、南アフリカまで逃れてきて、すでに6年。夕方6時に職場に入り、朝の6時まで一睡もせずという過酷な勤務だという。

ケープタウンを去る前日の夕方、閉館前の1時間で、かつての奴隷市場を改造した奴隷博物館へ。５００年前にポルトガルがこの地に現れて植民地にし、やがてオランダがここを占領し、その間、ポルトガルやオランダの植民地になった中国やマレー半島の一部やインドネシアの島々、さらにインド、東アフリカから、大量の奴隷がここ、ケープタウンに送られた。奴隷は、さらにここから、ブラジルやカリブ海、アメリカに向けて売られていった。

「19世紀は、奴隷貿易と奴隷制の廃止。20世紀は、普通選挙権だった。人権運動の課題は、そんなふうに移り変わり、人類は少しずつ進歩してきた。そして、21世紀は、ベーシック・インカムだ。さあ、希望をもって、人類史の大道を前進しよう！」とは、２００４年にブラジルでベーシック・インカム法を成立させた立役者であるブラジル上院議員シュプリシー氏の学会演説である。

人類史がそういうものだとすれば、この南部アフリカでは、3世紀に及ぶ人権運動の課題が折り重なって、歴史が悲鳴をあげている。貧困と飢えに苦しむ人々の悲鳴のなかで、実験村の女性たちの発言は、人類の希望だと思う。

まずは、この希望を世界に伝えること。そして、ベーシック・インカムのなかった野蛮な時代を、博物館に展示する。さて、そんな世界にどうやってもっていこうかな。

（2010年11月22日記）

2 ブラジル　２０１１年8月29日〜9月15日

権力を取らずに世界を変える！

ナミビアのほぼ1年遅れで始まったブラジル実験は、２００８年10月からすでに6年以上継続しており、規模こそは小さいものの、ベーシック・インカム社会実験の継続期間は最長のものだ。実施団体レシビータスのマルコスとブルーナは２０１０年11月に来日し、村長が過疎対策としてベーシック・インカムに注目している長野県の中川村を含め、各地で講演を行った（曽我逸郎「ベーシック・インカム　山森先生講演とブラジルからの報告@中川村」〈中川村ホームページwww.vill.nakagawa.nagano.jp/index.php?ci=10685&i=10852　２０１５年10月6日閲覧〉、ペレイラ・ブルーナ・アウグスト・サントス、マルクス・ヴィニシウス・ブランカグリオネ・ドス「〈講演会〉ブラジルの貧困削減とベーシック・インカム：ＮＰＯへシビタスの活動を中心に」Journal Encontros Lusofonos, 13〈上智大学http://repository.cc.sophia.ac.jp/dspace/bitstream/123465789/334　２０１５年10月6日閲覧〉など）。

この訪問記では、ナミビアと比較しながら、実験村の状態と実験の成果が描かれている。実験それじたいの詳細なデータや分析などは、本書「はじめに」で触れたレシビータスのサイトからいくつかのレポートにアクセスできるのでそちらを参照されたい。
　本書「はじめに」にも書いたように、ブラジルとナミビアとは、共通点が多い。ブルーナやマルコスたちのような中流以上の人々の暮らしと、実験村となった農場労働者たちの村の暮らしとの恐ろしいほどの格差があればこそ、募金での資金調達も可能となり、この実験も実現したのである。この訪問記では、同じ国のなかに、飢餓と貧困の第三世界と「豊かな」先進国とが同居するようなブラジル社会を見据えながら、先進国部分に対して、募金を超える資金調達として企業や投資家の倫理的投資を動員しようとする姿が描かれている。
　もっとも、その後、そのような試みが大成功を収めたわけではないようである。都市での暴動などと合わせて、ブラジル社会全体の動向のなかで、ブラジル実験をめぐる社会運動の状況を分析することは今後の課題となっている。

●——世界はここから変わる！

仕事場の白壁に何か書けといわれて、いろんな言語のメッセージ落書きで埋められた壁にこう書いた。

世界はここから変わる。The world will change from here !

30歳の若いママ、ベーシック・インカム支給実験プロジェクト実施団体の代表者ブルーナは、35歳のパートナー、その団体の中心人物でもあるマルコスをわざわざ呼び、2人でこのことばをえらく喜んでくれた。お世辞ではなく、ほんとうにそう思う。

生後半年ほどの娘ソフィアちゃんをかかえて、家族や友人そして自らのポケットマネーから募金を集め、さらに無給ボランティアとして、人権としてのベーシック・インカムを村人に給付するプロジェクトに全身全霊で打ち込む若いカップルの出現。うん、たしかに。政治が悪いとか、政府なんとかしろ、とか叫ぶのはいいのだけど、同時に、自分たちでできることから、やっちゃえばいい。簡単なことだけど、これって、人類が新しい方向に踏み出しはじめたっていうこと。つまり、世界史的な革命の始まりじゃないかしら……。そう思って、そんなことばを書いたのだ。

●――人権は太っ腹である

すべての人が、人として、無条件に尊重されるべき。人権って、単純にいうと、そういう考え方じゃないかしら。とすれば、人として大事にされてるって思えるような生活を、みんなでお互いに保障し合うのが正しいこと。つまり、人としての義務ってこと。お金があれば、そんな生活が保障されるのなら、お金を渡してあげようよ。無条件にすべての個人に基本的な生活が保障されるだけのお金をずっと渡してあげること。人権を守るっていうのは、そういうことも入ってなきゃ。お互いどうし、すてきなママ、パパ、おばあ、おじいになって、ずっと仕送りを送る。そうやって、一生かけて、人間を磨いてもらおうよ。これが、ベーシック・インカムの考え方だ。

勤労の義務とか、「働かざる者食うべからず」なんていういかにも経済的な、ケチな発想は、そこにはない。人権は太っ腹だ。人権っていうのは、豊かな社会の発想なのだ。

いや、豊かさこそが人権なのかも。豊かなことって、人権を保障できる余裕があるっていうこと。地球上の人類は、ほんとうはそこまで豊かになってしまった。だって、衣食住エネルギーの基本生活物資は、地球全体でみれば、人類全部を養えるだけある。それどころか、もっともっと、あり余るほど作る力も。

ただ、人々の気持ちが追いついていかなくって。だから、飢えや欠乏の恐怖にかられて、ついつい自分もがむしゃらに働き、人をそんなに働かせようとしてしまう。そして、人よりモノが大事だなんて思ってしまう。

●――人として正しいことをする気持ちよさ

人権は英語では、Human Rights、これは、「人として正しいこと」とも訳せる。すべての人に生活保障のお金を渡すことが、人権であり、人として正しいことなら、お金を渡さないことは、人権侵害を前に何もしないでいること。つまり、人として間違っていることになる。日本国憲法や、世界人権宣言、国際人権規約にある「人権」っていうことばは、そんなふうにして、人類ひとりひとりに、人としての生き方を厳しく問いかけてくる。そういう意味では、なまやさしいものじゃない。

ブラジルは、２００４年の法律で、ベーシック・インカムを導入することを決めた。すべての国民が、生活保障として現金給付を受ける権利を人権として保障することを宣言した。世界史的な意義をもつ法律だ。それなのに政府はいつまでたっても、実施細則を出さない。そうやって政府が実現に手間取っている間にも、ブラジル社会の底辺の人々は、貧困ゆえに、次々と命を落としていく。それはないよ。一刻も早く実施しようよ。人として恥ずかしくないの？　わかった。じゃあ、私たちで始めるから、政府は、後に続いてね！

ブルーナやマルコスたちの立場はこうなる。それが、なんともすがすがしい。

●――ゼミ調査研修旅行

昨年夏のナミビアのベーシック・インカム実験プロジェクトに続いて、２度目の遠距離３週間弱の長期旅

筆者を先頭に、学生、村の子どもたち、村人たちが輪になって教会の前で阿波踊り。

行。10名ほどの学生のうち4名は、昨年のナミビアを訪問したときと同じメンバー。若くして、人類史上画期的な2つの社会実験プロジェクトを訪問するという幸運な人になった。私が知る限り、世界のベーシック・インカム研究者のなかでも、両プロジェクト現地を訪問したのは、数名だけ。もちろん、日本では初めてのこと。

ナミビアの場合もそうだったが、今度も、日本からの大学チームの訪問は、現地にとって一大事件。学生諸君は、村の子どもたちとサッカーや折り紙で遊び、ベーシック・インカムのミーティングで集まった村人の前でよさこいソーランや、阿波踊りを披露してともに舞い、村人も、ブルーナたちも大喜び。

「文化の力だね！　公共圏の集まりでの文化的な要素の大事さは、理論的にはわかっていたのだけど、具体的なイメージがわかなくって。いつも、味気ない話し合いだけで終わっていたんだ。集団で、あんなに楽しそうな村人の姿を見るのは初めてだよ」とマルコス。

村のじいさんには、阿波踊りが大人気。子どもたちにはソーラン。音源CDを入れた私たちのレンタカーの近くによってきて、繰り返し踊りの練習をせがんでいた小学生くらいの子どもたち。いよいよ別れるときになって、1人の女の子がブルーナに泣きながら訴える。

「日本の人たち、次はいつ来るの？　だって、もっともっと踊りたいんだもの！」

●――カチンガ・ベーリョ

カチンガ・ベーリョというその村が、ポルトガル植民地時代にまでさかのぼるものかどうかはわからない。先住民族を追い出して造られた大土地所有者農園の労働力として、半ば奴隷のような暮らしを送っていた貧しいヨーロッパ系移民やその子孫たちの古い集落であったらしい。

いまでは神父さまもいない小さなカトリック教会の建物は、たまのお祭りのときにだけ開けられるという。ベーシック・インカム支給プロジェクトが始まって、近所の人々はそのお金を出し合って屋根を直したそうだ。

ベーリョとは、ポルトガル語で「古い」という意味。反対語の「新しい」はノーヴォという。学校や役所は、新しいカチンガ、すなわちカチンガ・ノーヴォのほうにあって、村人は、ショッピングや選挙の投票（この村出身者のみ投票できるという）など、なにかとカチンガ・ノーヴォのほうに行く。つまり、カチンガ・ベーリョは、ほとんど集落としての体《てい》をなしていない。

大都市サンパウロまで車でハイウェイを飛ばして3時間くらいという立地条件を生かして、都市向けの野菜生産農家として成功している日系移民たちも多く住む。やはり奴隷的な農場労働を経て苦労の末に土地を買い取ったのだという。そんな日系人農場の敷地内の小屋に住んで働く欧米系の労働者家族もいる。

●――なぜカチンガ・ベーリョ？

この村で実験が行われるようになった理由は、ナミビアのように、慎重に選んだ結果ではなく、まったく成り行きだという。ブルーナたちは、カチンガ・ベーリョから山一つ越えた古い鉄道拠点の町、パラナピアカーバの市民自治活性化とそのためのベーシック・インカム導入を支援するために移住してきた。当初は、とんとん拍子に話が進み、パラナピアカーバは、ブラジル政府に先駆けて、自治体としてベーシック・インカムを導入する町になりそうだった。

ところが、この地域のある有力政治家が、横やりを入れた。所得制限のある貧困家庭への給付であれば、受給のあっせんをすれば、自分の得票につながるが、普遍的な給付であれば、得票につながらない。それを恐れたためではないかと、マルコスは分析する。

町の世論が盛り上がったところでのこの挫折を苦々しく思った人も多くいたらしい。自腹を切って、募金を集めてでも、給付実験を開始して、ベーシック・インカム導入が市民自治の力を高めることを、事実でもってブラジルの世論に訴えたい。そんなマルコスやブルーナの熱意に共感した人が、知り合いがいるこの集落はどう？　と紹介してくれた。それが、カチンガ・ベーリョだったという。

●――自治のコミュニティづくりとともに

ブルーナとマルコスたちの団体の名前は、ブラジル風のポルトガル語発音で「ヘシビータス（RECIVITAS）」。ラテン語起源のニュアンスは、「市民社会の再建」といった意味。大学で哲学を専攻し、いまは高等教育機関で教えるマルコスが、ベーシック・インカム導入に込める思いは、気宇壮大で、かつ用意周到なものだ。

これは、酔狂な金持ちが配るお金ではなくて、人権保障としてのお金。そんな権利としてのお金の獲得は、人々がお互いに力を合わせて、お互いの自由を尊重しながら守っていくべきこと……。そんなことを、マルコスは、村の受給者ミーティングでいささか生硬な語り口で演説する。

教会の前で行われる村のベーシック・インカム受給者ミーティングで演説するマルコス。

同時に、村を回る自家用車のトランクを共同の移動図書館、共同の移動おもちゃ箱にして、村人を引きつけながら、体でもって、分かち合いの楽しさ、おもしろさを体験させている。ブルーナたちの車のトランクは魔法の箱になって、農場とジャングルに囲まれた村人たちの住居に次々と、新しい本やおもちゃをもってきてくれる。しかし、それらは、みんなのもので、村人は、そのおもしろさを互いに分かち合う。

われわれも目撃したが、村人のなかには、自分が入手して子どもたちがもう飽きてしまったおもちゃを共同おもちゃ箱に寄付する人もいた。そうすることで、コミュニティのメンバーは、マルコスたちが集めてきたおもちゃに、それぞれの入手したおもちゃを加えて、村の子ども全体の楽しみを増やすことができるのだ。

●――食べるだけでせいいっぱいの人々

自分が食べるだけでせいいっぱいの人々には、村人全体のことを考える余裕はない。カチンガ・ベーリョでも、多くの人は、そうだった。しかし、子どもが大きくなって、少し生活に余裕のできた若干の老人は違う。

マルコスたちが入る前から、道に街灯をつけるように要求する署名運動をやった老人もいた。訪れたヘシビータスのメンバーに、いつも自家製の果実酒をふるまってくれる彼は——私はそれを勧められるままにおかわりしてふらふらになったのだが——ベーシック・インカム受給者のなかでも、今やリーダー的存在だ。

マルコスたちの工夫の1つは、カチンガ・ベーリョへのベーシック・インカム給付の原資の全体額を明らかにし、受給を望む人が現れたときには、受給者全体の合議で支給するかどうかを決定するとしたことだ。実際に、われわれが訪問する直前の受給者ミーティングでは、ベーシック・インカム給付額を若干減額して、新しい希望者に給付開始することが承認された。こうして、ベーシック・インカムの受給を選択した村人たちは、自分が食べることだけを考えることは許されない、そんな境遇に置かれてしまっている。

●——受給を拒否する人々

カチンガ・ベーリョに住む野菜作り農場主の日系人家族を始め、多くの裕福な村人たち、そして若干の貧困な人々は、受給を拒否したという。人権としてのベーシック・インカムを説くマルコスたちとかかわるのを恐れたのかもしれない。ブラジルでは、軍事独裁政権時代の記憶はまだ生々しく、虐殺などにかかわった軍部の責任者も処罰されたわけではないという。

あるいは、大都市の物価が日本とそれほど変わらないところで、日本円にして月に1000円ちょっというう、ベーシック・インカムというには、あまりに小額のお金の支給を喜ぶほど、ここの村人は貧しくないのかもしれない。ナミビアの場合のように、受給開始後に子どもの栄養状態の劇的改善がみられたのは、わずかに一家族だけだった。

ほんとうの掘立小屋に住んでいたその家族は、支給されたお金をなによりも子どもの食費にあてたという。ほかの人々は、住居の改善などに使ったというのに。

それにしても、異常にやせ細った手足のその家族の上の子どもたちに比べて、すでに3年近くなるベーシック・インカム給付開始後に生まれたというよちよち歩きの下の幼児、そして最近生まれた乳児のふくよかさは印象的だった。

２００８年10月にプロジェクトが開始されていろいろあったが、カチンガ・ベーリョのなかで、受給を決意したのは今では17家族90人ばかり。コミュニティとしての絆が薄く、集落の体をなさないだけでなく、そんな地域住民の全体をカバーしているわけでも決してない。

ブルーナたちのベーシック・インカム給付プロジェクトは、そんなすでにコミュニティが崩壊した地域で、少しずつ地域住民の自治を再建しようという、気宇壮大だが、実態としては、ささやかな試みにすぎない。給付は、１か月に1度、１軒ずつまわって、紙袋に入れた現金を手渡しし、家族からサインをもらうのだ。

●――したたかなプロジェクト

もっとも、逆にいえば、たった一家族とはいえ、ブラジルでも栄養失調児をかかえる極貧家庭に対するベーシック・インカム給付の効力は証明されたことになる。そのうえさらに、極貧ではない家族に対するコミュニティ形成への効力、そして経済活性化の効力さえも証明されつつある。

おんぼろ車とはいえ、自家用車をもつ受給家族の１つは、農場主からの借地である自分の家の周辺の土地を使って、庭にバナナなどの果樹を植え、鶏を育てている。そして、マルコスたちとともに、卵や果物などを売る朝市のようなローカルな農産物市場の開設を計画中だ。

われわれが見学した受給者集会では、マルコスが、ベーシック・インカム給付額を元利償還にあてることにして、起業の資金を無担保で貸し付ける、新しいマイクロ・クレジット計画を説明した。村人は次々に、それがベーシック・インカムの停止ではないことを確認する質問をした。どうやら、計画導入は一歩前進したようだ。

このようなさまざまなベーシック・インカムの効果を報告書として公表することによって、プロジェクトへの賛同者と支援の動きはさらに広がろうとしているようだ。

●――多国籍投資信託会社との提携

厳重なセキュリティ・チェックで守られた、サンパウロのオフィス街にある高層ビルの会議室。スイス系の多国籍投資信託会社の投資担当。日本にも3度出張したことがあるというスーツ姿の彼は、カチンガ・ベーリョのプロジェクトのための資金を調達する社会貢献投資商品について、噛んで含めるように説明し、2時間近く、われわれの質問につきあってくれた。

投資収益の半額を寄付に回す社会貢献投資商品への需要は十分にあること。すでにCSR（企業の社会的責任）として、教育支援の財団を作っているが、膨大な直接間接の経費がかかる学校経営などと比べて、社会貢献プロジェクトとしてのカチンガ・ベーリョのベーシック・インカム給付プロジェクトの費用便益効果は絶大であり、魅力的なこと。しかも、社会貢献投資商品は、投資家の社会貢献の手助けであり、会社にとって直接の出費となるわけではなく、むしろ事業ベースで進行できること。きっかけはブルーナの親戚からの話だが、こんないいプロジェクトを政治家が応援しないのなら、経済人として応援したい、と考えたそうだ。

●――若手弁護士の協力

マルコスの知り合いの若手弁護士からも、サンパウロの高級ショッピングモールのカフェで話を聞いた。

ベーシックインカムの現金を一軒ずつ配分して準備するするブルーナ。

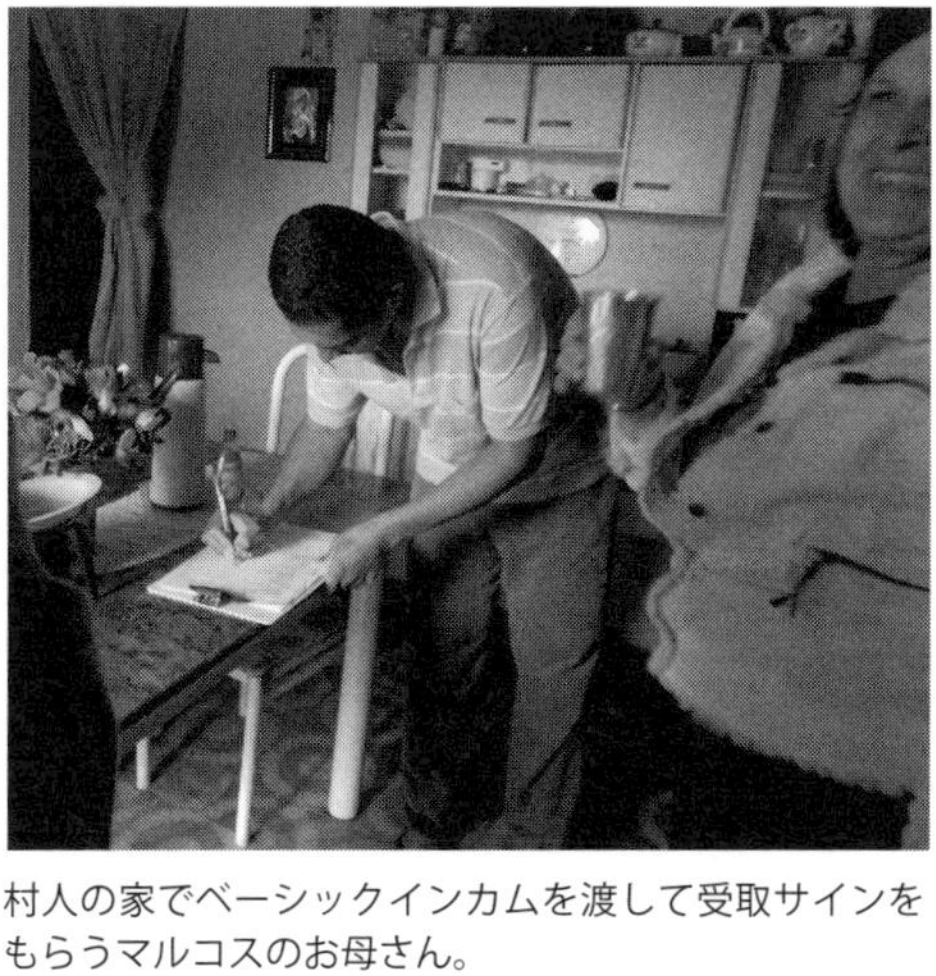

村人の家でベーシックインカムを渡して受取サインをもらうマルコスのお母さん。

投資先の選択を考えあぐねているちょっとしたお金持ち投資家層のお金を社会貢献に使う仕組みを作れないか。そこから、カチンガ・ベーリョのプロジェクトのための資金を調達できないか。そんなマルコスたちの頼みを受けて、相当の調査の末にようやく提案されたのが、多国籍投資信託会社との提携だった。

ブラジル法の不備を説明する、いつもフィアンセとセットでくっついているイケメン弁護士。その彼に聞いた。「ところで、マルコスたちの応援をすることになったのはどうして？」。

その答えはなかなか素敵だった。「これまでは、会社の顧問弁護士として働いて、弁護士になるための法科大学院に行くのに使った教育ローンの返済をするのに必死だった。でも、会社のために働くだけではつまらない。なにか、社会の役に立つことをしたいと思ったんだ」。

●——両親たちの協力

0歳の初孫ソフィアちゃんの面倒と、かわいい息子、娘が取り組むボランティア活動の応援のため、すでに退職して年金生活のブルーナとマルコスの両親たちは、パラナピアカーバの家に住み込んで、プロジェクトに全面協力。

白髪のロン毛のマルコスのパパは、大企業の仕事を手掛けてきた会計士で、ヘシビータスの経理も担当。会計の本を執筆中とかで、いつもコンピュータに向かって座っている。マルコスがコンピュータから聞かせてくれた独裁政権時代の抵抗の歌を聴くと、目をうるませて顔をあげて叫ぶ。「民主化運動の歌だよ！」。ママは、肝っ玉母さんで、村の人気者。

ブルーナのパパは、学生のときに父を亡くし、ずいぶん苦労して、ちょっとした企業の社長になった人。サンパウロのある地域のロータリー・クラブの創設者。敬虔なカトリック信者で、ブラジルでは珍しいそうだが、家族のなかでも1人だけ、日曜には必ず教会へ行く。

サント・アントニオ・ドゥ・ピニャウ町長へのインタビュー。町長室にて。

受給者集会の後、カチンガ・ベーリョの教会の前で、村人たち、学生、レンビータスのメンバーたちが集合。

私も何人かの学生とともに彼にくっついて、パラナピアカーバのカトリック教会のミサへ。聖書の一節に感極まってすすり泣く彼の横で、求められるままに私も聖書の音読隊に加わって神妙にポルトガル語聖書の一節を読み上げるはめになった。

ブルーナのママは、そんなパパといっしょに、2台のレンタカーを操って、霧深い山越えをしてカチンガ・ベーリョへ、あるいはハイウェイを飛ばしてサンパウロへ、そして彼女の親戚のリゾートマンションのあるビーチへと、私たちをあちこちへ連れていってくれた。

ブルーナは、これまであまりプロジェクトにかかわってこなかった自分の両親が、これをきっかけにかかわってくれたと、喜ぶ。どちらの両親も、ブラジル軍事独裁政権時代の民主化運動世代なのだ。

●――他都市との連携

パラナピアカーバでは失敗したが、ブラジルで唯一、ベーシック・インカム条例を作って基金を設置し、政府に先駆けてベーシック・インカム導入のかまえを示した町がある。

サント・アントニオ・ドゥ・ピニャウという夏でも涼しい風光明媚のリゾート地。パラナピアカーバから片道4時間ほどのその町のベーシック・インカム支持者たちと交流し、町長にもインタビューした。

ベーシック・インカム推進の支持者たちは、まずは、0歳児から支給を開始し、だんだんと広げていこう、という提案。農機具店の若い経営者でもある町長は、とにかく、国の予算措置を待ちたいと、いささか及び腰。町を流れる美しい川を、最新式のセメントで固めないやり方で護岸工事したり、町を一望できる展望台を作ったり、なかなかやり手の町長だ。

1年前の国際学会の帰りに訪問したときには、この町の日系人会の会長さんが、「いままでの町長は、なにもせずに盗むばっかりだけど、この人はやり手で信頼できる人。こんなしっかりやる町長は、初めて」と太鼓判の人だ。

ブルーナたちも、この町の条例ができるときには、足しげく通い支援。今でも、やり手の町長に自分たちのプロジェクトの効果を示しながら、側面支援……。そう、カチンガ・ベーリョのプロジェクトは、ブラジル全土が注視しているのだ。
●——権力を取らずに世界を変える！

軍事独裁を批判する民主化運動のなかで登場した与党労働党は、ベーシック・インカム法を成立させたとはいうものの、実現に真剣な政治家は少数派だという。社会運動団体のなかでは、土地なし農民の土地占拠運動を応援してきたカトリック司教会議が、堅固な支持者だという。

しかし大地主たちの暴力と対峙してきたその土地占拠運動も、活動家の一部の腐敗問題などで、若干混乱気味とか。マルコスたちは、新しくできた大統領向けの請願制度を利用してベーシック・インカム法の実現を迫ってみたが、逆に、身の危険を感じて政治運動を断念したという。与党内部にも混乱があり、市長の暗殺事件なども絶えない。

『権力を取らずに世界を変える』とは、資本主義の無残を拒否しつつ、また社会主義をめざす国家権力の奪取も腐敗への道として拒否する、メキシコに住む哲学者ジョン・ホロウェイの著書の題名だ。それは、ブルーナやマルコスたちのやっていることともぴったり。権力の集中を防ぐには、徹底的な分割しかない。分割されたひとりひとりの力が、うまく重なり合えば、いつのまにか世界が変わる。ラテンアメリカの人々は、いま、大きな変化を引き起こす、小さな一歩一歩を、着実に歩み続けている。


（２０１１年11月25日記）

3 村人を先頭に、首都に向かってデモ行進

ナミビア　2012年8月31日〜9月18日

これは2度目のナミビア実験村訪問記である。大統領の強固な反対で手詰まりになっていた当時の実験村とベーシック・インカム推進運動の状況を、歴史的背景とともに活写しており、興味深い。その後、ナミビアは特に北部（大統領の出身地）で激しい干ばつに襲われ、ベーシック・インカム給付推進連合（BIG Coalition）は、緊急援助としての村単位の期限付きベーシック・インカム給付に取り組み、成果をあげる。そのレポートも「はじめに」で挙げた推進連合のサイトから英文で入手できるので、詳しくはそちらを参照されたい。

なおこの旅行では、南アフリカのヨハネスブルグのソウェト（および最近形成された不法占拠地区）、そしてドイツで行われたベーシック・インカム研究国際学会にも参加しており、訪問記でも若干触れている。ソウェト訪問などで、アジア経済研究所の牧野久美子さんのお世話になった。記して謝意を表したい。

●――「とにかく、広く訴えて、募金を集めるんだ」

今回の旅のハイライトは、なんといっても、世界で初めてのベーシック・インカム給付実験を続ける村の運命。ナミビア全国でのベーシック・インカム導入に先駆けて、執拗に反対する大統領を説得するために、推進派が集めた募金を財源としてその村で給付実験を開始したのが4年と半年前（2008年）のこと。当初の予定の2年を過ぎて、とてもいい実験結果が出たのに、大統領は、うんと言わず。推進派は、給付額を若干減らし、さらに募金を集めて2年間延長して実験を継続しながら、キャンペーン。それでも大統領はうんと言わず。

その2年間が終わった2012年1月からは、実験継続のための募金と支給で、毎月の自転車操業。われわれがその村を訪れた9月初めには、まだ8月分が支給されていない状態だという。

村を訪れる前日に首都の推進連合の事務局を訪れた。事務局長のペトルスさんはいよいよ実験村へのベーシック・インカム給付が滞ってきた危機的状況と、打開の方向をわれわれの質問に答えて熱弁してくれた。政府、というより大統領がなぜがんとして賛成してくれないかについては、「ほんとうにわからない！」と叫ぶ。

「政府に財源はあるし、あらゆるデータが全国導入のメリットを語っていて、もはや反対の論拠はない。だから、世論を通じて大統領を動かすしかない。先週は、アフリカーンス語のラジオに出た。なんと、白人からもかなり支持のメールが来たよ。今週はここらあたりから南部の黒人がしゃべるコエコエゴワブ語のラジオに出るよ。ベーシック・インカム給付実験継続のために継続的に募金してくれる人や企業をナミビアのなかから集めてるんだ。これまでは、ドイツからの教会の募金に頼っていたのだけど、ヨーロッパ経済危機のせいで、急に資金がこなくなったからね。とにかく、広く訴えて、募金を集めるんだ。

そして、ほかの場所でも、そう、大統領や政府与党の大部分の人の出身地になってる北部でも給付実験をやりたいね。自分の政治的地盤でベーシック・インカム給付実験の受給者ができて、支持者が増えると、ずいぶん違うと思うんだ」

「なるほど、政治家に期待するんじゃなくて、市民社会の力で、実際にベーシック・インカムの給付をやりながら、それを広げていこうっていうわけですね。それって、私の今回のドイツでの国際学会発表と同じ意見ですね！　ブラジルでもその方向だし」などと、いささか興奮して口走る私。ペトルスさんも、

「いや、ほんとうに、ベーシック・インカムが政治家の小道具として使われてしまうと、だめだね。南アフリカでもそうだったし。とにかく、ここでは大統領が反対しちゃうと、みんなそれを気にして、教会のなかでさえ、大統領に気をつかって、ベーシック・インカムなんて、という人たちが出てくる始末。政治文化っていうのかね。大統領のいるところじゃ、ベーシック・インカムの話をしないっていう感じだよ。ベーシック・インカム命！　のブラジルの上院議員のシュプリシーを知ってるだろう？　彼は、ナミビアに来たら、空港からすぐにあの実験村を訪れたんだ。その後で、大統領に会いに行って、大統領、ぜひあの村にいって村人の話を聞いてください、なんていったものだから、大統領、カンカンに怒っちゃってね。何が村に行けだ、大統領に話があるなら、村人がここに来るのが礼儀っていうものだ、外国人が指図するもんじゃねえ、っていうわけ。シュプリシーにとっては最悪の日だったよ」。

とにかく、ベーシック・インカムの効能を宣伝しながら、地道に募金を集める。そうやって実験を継続して、さらにその成果を宣伝に使う。実際にベーシック・インカムという特効薬を使うモニターを増やしながら、世論を作っていく。これが、ペトルスさんの戦略だ。

●――労働組合は闘い方を知っている

これを柔軟路線とすれば、われわれが滞在した首都の安宿に来てもらって話を聞いた、ベーシック・イン

推進連合の労組代表ヘルベルト・ヤウフさんへのインタビュー。「闘うしかないんだ」。

カム給付推進連合の構成組織となっているナミビア労働組合連合のヤウフさんは、強硬路線を主張。

「もう実験は終わったんだ。ベーシック・インカムが効果抜群なことははっきりしたんだ。もう議論の段階じゃない。あとは、政府にやらせるしかない。俺たちは、労働組合だ。労働組合は、闘い方を知っている。もう闘うしかないんだ」

「といいますと、具体的にはどんな?」

「たとえば、村人を先頭に、首都に向かってデモ行進、なんてのはいいと思うな。タイミングを選べば、効果的だよ。独立直後の1995年総選挙の直前に、ナミビア独立のゲリラ戦争に参加した戦闘員たちへの年金、退役軍人年金を要求する運動が盛り上がった。当時の大統領は、外国からの圧力と財政負担を考えて、頑固に反対していた。しかし運動する側は、独立ゲリラ運動の聖地だった北部の村から、首都に向かって、元ゲリラの退役軍人たちが、車いすや松葉づえでデモ行進を行うと発表した。それには、大統領の古い友人なんかも参加を表明して、マスコミも大騒ぎ。選挙で勝ちたかった大統領は、すぐに年金導入を発表。結局デモ行進は行われなかったのさ。そういうものさ。人々が動いて、実力で、政治を変えなきゃ。政治家を動かさなくっちゃ。来年は選挙があるし、タイミングとしては、今がねらい目さ」

なるほど、たしかに、市民社会が動くっていうことは、政治を避けることではなくて、市民の力で、政治を動かすっていうことね。目からうろこ、という感じ。なんだか、おもしろくなってきた！

「それじゃ、そういう話もでているんですか？　村人とデモ行進やろう、っていうような？」と聞けば、

「それがね、そういう話がまだまだこれからなんだよ」とヤウフさん。

●――カミータ主教の病気

ベーシック・インカム推進連合の中心人物であり、ナミビア最大のキリスト教宗派である福音ルーテル派教会の指導者、カミータ主教（164ページにも登場）に会いたいのだけど、というリクエストは、彼の病気のためについに果たされず。

カミータ主教は、ドイツの国際学会にも行くはずだったけど、それもキャンセルとか。推進連合内部の話し合いがあまり進んでないのは、そのせいだろうか。

そういえば、教会の内部でも、熱心でない人がいて、けっこう大変なんだよ、と牧師でもある事務局長のペトルスさんも言っていた。もしかすると、カミータ主教という反アパルトヘイト独立闘争の英雄でもある宗教指導者に依存しすぎて、教会に依存することになってしまった推進連合という組織のあり方が問題かも。

ヤウフさんのような労働組合の熱血幹部と、それについていくベーシック・インカム断固指示の労働組合員たち、それにベーシック・インカムのすごさを知ってしまった村人たちとがうまく結びついて、メディアに

集会のあと集まってきた村の女性たち。村のために大事な集会となるべきものだったかもしれない。

アピールする行動をとれば、大統領がヒヤリとするような広がりをもつ大衆的な運動になるかもしれない。

ところが、そっちの強硬路線に至る道をなんとかそらす方向に推進連合が追い込まれていて、ペトルスさんと村人たちが、当面のやりくりに追われている。そんな姿が見えるようだった。

●——村でのお泊り

いよいよ村を訪ねることになった。われわれを村に案内してくれたペトルスさんは、村の中心にある大きな木の下に村人50人あまりを集めた集会で、支給が遅れていることなどの事情を説明。「明日から学校が始まるのに、困ったわ」と口ぐちに村の女性たち。なんだか重苦しい雰囲気のなかでわれわれが紹介され、「村人に何でも質問してもいいよ」とペトルスさん。

「この事態をどうしたらいいと思います

か？」との学生の質問に、顔を見合わせる村人たち。あるおばあさんが口火を切る。「とにかく村の代表を出して、政府にお願いするしかないよ」。村で一番通用する言語コエコエゴワブから英語に通訳してくれるペトルスさんは、それを翻訳してくれただけだったが、リーダー格のじいさんを含めて、何人かが同時に発言。今から思えば、それは、ほんとうに重要な集会となるべきものだったのかもしれない。村の運命を村人自身で話し合って決める、という意味で。

村人にとって、日々の生活は待ったなし。自分で切り開いていかねばならない状況だったので、無理かな、と思いつつ、村での宿泊をリクエストしたら、村の代表からすんなりとOKが出た。ペトルスさんも「安全だよ。大丈夫」と太鼓判を押してくれた。

ゼミ生を中心とする18名の今回の旅行参加者のうち、10名ほどが村での1泊のお泊りに立候補。公務員基準の近代的な水道会社の宿舎に泊めてもらうことになったのが3名。あとは村内の3軒の大きめの民家に分かれてお泊り。民家といっても、都市近郊の不法占拠スラム地区を見るようなトタン板で四方を囲ったバラック仕様が基本で、せいぜいブロックか煉瓦を部分的に使った家である。

私が泊めてもらったのは、元小学校長先生の家。その奥さんは、ベーシック・インカム実験が始まってからミシンを買い込み、近所のおばさんとドレス製造を始めた人。昔使っていたというトタン板の家（小屋？）を占領させてもらう。砂地に絨毯の切れ端を敷いたたけの床。めくると地面が見える。真ん中にベッド、というよりベッドを囲んで壁があって、割れた鏡の入ったタンスやら壊れた冷蔵庫やらが壁を補強している。まだ冬の名残りで夜は冷えるが、ドアを閉めるとなかなかは暖かい。

●——リンゴ、オレンジ、レモン、ナツメヤシ

屋外にある屋根のついた小さなトイレは、穴を掘っただけかと思えば、手造りの木の便座があり、自分で

ドラム缶の水をすくって手を洗いながら流す水洗式。水道の蛇口は屋外に1つしかなく、そこから水を運ぶ。食器などの洗い水は大事に、木の根っこに流しこむ。翌朝早く、その木を眺めていると、元校長先生が現れて、説明してくれる。

「これはリンゴで、これが、オレンジ、あれはレモンなんだ。ほら、花が咲いているだろう?」

たしかに、白い花があちこちに。そう、南半球なので、ここは春なのだ。

「これは何かわかるかな? そう、ナツメヤシだよ。こいつはとにかく育つのに時間がかかる。実がなるまであと30年かな。わしの息子の代だね」

種や苗は、買ったり、もらったりしたという。元校長はずっと体育の教師だったけど、学生時代に理科の時間に植物のことを教わって、それ以来興味をもってきたという。

●――みんなの土地? みんなの自然?

首都ヴィントフックにも住んでいたことがあるという彼は、小学校長としてこのオチベロ・オミタラ村に赴任してきて、退職後もそのまま残って住み着いているという。村の土地はすべて、基本的には国有地のはずで、住み込むことを希望する者には、地元の土地委員会が土地を分与することになっているらしい。そうやって彼の一家に割り当てられた土地に、このような果樹を植え付けて、丹精こめて世話をする。その意味は何だろう?

「この村には、ほかにも、こんなに果物を植えたりしている人がいますか?」と聞けば、「いやあ、少ないね。ほら、あの隣の人なんかは、全然だめだね。そのうち立派な果物がなれば、みんな気づくと思うね。そうなってほしいね」と元校長先生。

●――これが教会よ！

元校長先生の家のすぐ裏手に、大きめの木が1本。幹から、レールのかけらのような金属がぶら下がっている。ペトルスさんが村人を集めて集会をやった大きな木にぶら下がっていたのと同じようなもの。人々を呼ぶときにカーン、カーンとならすという話だったが。なぜここにも？

「ははは。ここが、この村のルーテル教会よ」

私が牧師のかわりなの、とドレス作りの奥さん。村にはカトリック教会の建物はあるが、日曜日に神父が来るだけで、だれも住んではいない。しかし村の大多数はルーテル派だという。そしてルーテル派はここで集会をする。

「肉を食べすぎてこんなになった」と夫が言うとおり、かなり肥満系の彼女が、朝の散歩に連れていってくれる。

少し歩けば、アスファルトで舗装された道路。首都から東にまっすぐ伸びる幹線道路を途中で北上して、推進連合がチャーターした小型バスでわれわれがやってきた道だ。その道を少し歩くと、近郊都市ゴバビスの水がめとして建設されたこの村のダムが見えてくる。

道の両側にかなり乾燥したいろんな草が生えている。これは、おなかが痛いときに効くよ。あれは、怪我をしたときにつけるといいの。そんな話を聞きながら、ゆらゆらと歩く彼女のあとを追う。

●――「ほんとうに悪い、悪い人よ！」

ダムと反対側の草原というか、灌木があちこちにあるサバンナというか、そのはるかかなたの方に、井戸から水をくみ上げる風車などが見える。ほとんど車の通らない道路から数メートルのところに、そんな大自然と私たちを隔てる針金の柵がある。

村の集会所になっている大木の周りに集まった村人にあいさつをする。向こうに見えるのはカトリック教会の建物。

柵の向こうは、ファームだ。前日にペトルスさんが説明してくれたのだが、19世紀末のドイツによる植民地化とその後の南アフリカ支配下のアパルトヘイト時代を通じて、白人地主が所有するようになった、大規模な野生動物狩猟用のファームなのだ。「ファーム＝農場」と頭のなかで置き換わって、はてさて、なにを作っているのかな、などと考えていたのだが、なんのことはない、狩猟用に土地を囲ってあるだけのものだ。そういえば、首都の安宿のバーで、名物の野生動物数種類盛り合わせのバーベキューを食べたが、果たしてこういうところからきたものか。

「そうよ。あの柵の向こうは、白人のもの。ほんとうに、悪い、悪い男でね！」

悪い男（Bad, bad man!）というところで彼女は語気を強めた。

「柵を越えて、焚き木を集めただけで、小さな子どもが動物を捕まえようとしただけで、警察に通報して、罰金1000ドルを払わせるの。ほんとうに1000ドルよ！」。それは、たしかに、当初のベーシック・インカム1人1カ月100N$の実に10カ月分になる。

●——奪われた土地と資本、白人地主と多国籍企業

そういえば、強硬路線の労働組合代表のヤウフさんが強調していた。

「ドイツ侵略以来の植民地化とその後の南アフリカ占領下のアパルトヘイト支配のもとで人々から奪われた土地と資本は、まだ返されていない。白人地主と多国籍企業が握ったままだ。問題は、社会主義の理念が消えたことだ。アパルトヘイト反対の独立闘争を闘った人々の間では、独立後の土地と資本の国有化、社会主義化は当然と思われていたんだ。それが、ソ連崩壊とともに、経済政策の方向が見失われた。白人地主も多国籍企業もアパルトヘイト時代そのままで、さらに外資導入と民営化、自由化で経済発展をめざすっていう。

ところがどうだ。政府の優遇策で数年間操業してナミビア労働者をさんざん低賃金で酷使した多国籍企業は、工場を東南アジアに移転した。鳴り物入りで登場した中国企業も数年で撤退するものが次々と現れた。奪われた土地と資本を取り返す闘いなしに、貧困も労働問題も解決しないんだ。

公務員や大企業の労働者の労働組合員たちは、ナミビア人口の半数以上を占める恐ろしく貧しいナミビア国民のなかでは、まだ恵まれたほうだ。その労働者たちは、いまの政策じゃなにも解決できないことを見抜いている。だから、ベーシック・インカム導入を支持してるんだ。それは、いまも続くアパルトヘイト撤廃の闘いなんだよ！」

●——アパルトヘイトは今も続く？

人種隔離政策などと訳されることもあったアパルトヘイト政策。ナミビア訪問のあと、2泊3日で滞在した南アフリカのヨハネスブルクでは、その歴史を記録するアパルトヘイト博物館や、元黒人居住区のソウェト、さらにそのなかでも特に貧しい人々の住む不法占拠地区を訪れた。

たしかに何も変わっていないかも。かつて白人しかお客になれなかったショッピングモールやレストラン、白人しか持ち主になれなかった高級住宅街や高級車に、黒人の新しいお金持ち階級が加わっただけ。「隔離された」貧乏な黒人の暮らしはまったくそのままといってもいいかもしれない。

それは、ナミビアも同じだ。首都のショッピングモール街は、多くの黒人たちでごった返していて、その真ん中にあるスーパーマーケットでは、東京とさほど変わらない値段の食品が飛ぶように売れ、品物でいっぱいのカートの長い行列が、レジでのカード支払いによってどんどんさばかれていく。

たった1回の買い物で、あの村のベーシック・インカムの数カ月分を使ってしまう人たちの群れ。あの人たちは、独立とアパルトヘイト廃止後に政権についたかつての黒人解放の独立闘争ゲリラ戦士たちとつながって、公務員や民営化された大企業の仕事にありついた一部の人々。

しかしそれは、ナミビア全土でみれば、ほんの一握り。大部分の人々は、１００年以上前から侵略してきた白人たちに土地と資本を奪われて、食うや食わずで、仕事を探し歩く境遇のままだ。

農村から出てきた人々が住みついて不法占拠地区となったヨハネスブルクのスラム街に向かう通路。

ドイツのベーシック・インカム国際学会での報告。

●――ミュンヘンの国際学会

ヨハネスブルクからドイツのミュンヘンに飛び、ベーシック・インカムの国際学会であるベーシック・インカム・地球ネットワーク（Basic Income Earth Network）、略してＢＩＥＮ（フランス語やスペイン語で「良い」の意味）の大会に参加した。私はここで「賃金奴隷制廃止に向けて――飢餓と貧困の根絶から始めるグローバル・ベーシック・インカム保障社会のための非暴力革命の展望」と題する報告をした。私の報告会場は、日本に関する分科会で、小さな部屋に20人ばかり集まった。

英語のペーパーを配って、ベーシック・インカムは、食うや食わずで、仕事を探し歩く境遇にある現代世界、とりわけ第三世界の賃金労働者たち、その賃金奴隷ともいうべき境遇からの解放をめざす、歴史的な社会革命だという持論を強調した。

だから、それは、けっして簡単ではない。グローバル化を進める多国籍企業のもとに世界中から集まるお金を、世界中の人々の世論の力で、少しずつ奪い返していく。そんな地道だが激しい闘いをやるしかないのだ。ナミビアと南アフリカで見てきたけど、アパルトヘイトは、まだ続いているのだから……。そんな報告をした。

昨年訪れたブラジルの農村地帯でベーシック・インカム給付を

始めたブラジルの友人たちは、その報告を喜んでくれた。さらに、ドイツの左翼党の活動家だったか、大会のプレイベントのシンポジウムで司会をやっていたお兄さんも、人間解放のためのベーシック・インカムという視点は最近の自分たちの議論とかみ合うし、それを世界革命として問題提起している点は、ヨーロッパの議論ではあまりなくて、おもしろいという。彼からは、来年にヨーロッパ規模のシンポジウムをやるのでぜひ報告を、という招待もあった。

●――涙のインド・プロジェクト

学会全体のハイライトは、インドで今年行われたベーシック・インカム給付実験プロジェクトの報告である。大会場で行われて、聴衆の涙と拍手をさらった。

学会側でプロジェクト推進に協力したイギリスの大学教授のおじさん、プロジェクト・コーディネーターの若いインド女性、すごい迫力のリーダー格の白髪の混じる女性、それに、プロジェクト現場の最下位カーストに属する先住民の女性の話。そして、できたばかりというビデオ作品上映。

現場での苦労がフラッシュ・バックしてきたのか、ビデオをみながら泣き出したのは、イギリスのおじさん、ガイ・スタンディングという不思議な名前(立ってる奴、という意味にとれてしまう)のロンドン大学教授。ビデオ登場の村人たちから、ベーシック・インカム支給で、生きる希望がわいてきたよ、といった、素朴な発言が次々と出るうちに、こちらも、瞼がうるうると濡れてくる。

●――社会運動としてのベーシック・インカム

ビデオの冒頭には、横断幕を掲げた色彩豊かなインド衣装の女性たちのデモ行進のシーン。プロジェクトを担当したのは、インドの自営業女性たちによって組織された労働組合、ＳＥＷＡなのだ。露天商や自分で作ったものを販売する個人営業の女性たちを、自己雇用の労働組合として組織した。瞬く間に貧しいインド女性数十万人が参加。女性のエンパワーメントに取り組むNGOとして国際的に名高い組織だ。

そのせいもあって、プロジェクトの資金は、ナミビアやブラジルのように支持者の募金ではなくて、ユニセフという国際機関から。そのせいもあって、期間が終わる今年中には、プロジェクトはきっちり終了予定。

檀上で報告するSEWAの女性たちは、この成果をひっさげて、インド政府に対して、ベーシック・インカムの導入を要求する社会運動を大規模に展開していく闘志を見せ、やる気満々だ。

最後までしゃべらなかった先住民女性が英語ではない言葉で発言をしたが、その言葉の力強いこと。今も残るカースト制度の最底辺で辛酸をなめてきたその女性の、不思議に明るい声を聴いているだけで、意味はわからないのに、こっちは、感動の涙が出てくる。

そう、この人たちにとって、ベーシック・インカムとは、いいアイデアだ、考えてみよう、提案します、なんてものじゃない。それは、生きることの尊厳を世界に認めさせ、自分たちの存在をかけて、闘いとる権利。

みじめな賃金奴隷、お金のためにあくせくする奴隷生活からの解放をかけた、人生の希望なのだ。その意味で、この人たちは、保守派にとっては、社会運動の確信犯といえるだろう。その、人としての輝きが、まぶしく、美しい。

●――インドへ！

そんなわけで、さっそくその一行とはお知り合いになり、プロジェクトを見に行ってもいいかしら、と。

もちろん大歓迎よ、となって、早くも、われわれの心は、インドへ。

全世界で地球規模のベーシック・インカムを、という私の学会報告での財源の試算によれば、インドでベーシック・インカムが実現されることの意義は大きく、世界史的だ。

極貧層というか、飢餓に瀕している人の数は、インドでは恐ろしく多い。しかし、物価が安いので、ベーシック・インカム支給のための金額は、驚くほどわずかですむ。そう、全人類から飢餓と貧困を根絶する世界史の夢の実現が、飛躍的に近づく。

それだけに、国際機関が資金を出すだけの正当性と可能性は、十分にある。国民が飢えているのに核兵器をもつような絶望のインド政治を、人類の希望に変える可能性も。

●――なにか励ましあえることを

さて、インドに行く前に、気になることもあった。交渉が実って、ついに、新生児だけからではあるが、市が独自にためた基金で、ベーシック・インカムを支給することになったというブラジルのサンパウロ近郊のサント・アントニオ・ドゥ・ピニャウの町の人々のこと。そして、いよいよ支給実験継続期間でナミビアを追い越すかもしれない同じブラジルのカチンガ・ベーリョのこと。昨年に続き、来年もブラジルに行くかな、と。もちろん、ナミビアもなんとか応援したい。

世界のベーシック・インカムをサポートする会のようなものを作って、日本語ニュースを発行して、日本の人にもベーシック・インカムの動向を知らせ、基金もつくって、少しはお金を回す。そんなことをやってもいいね、なんて、空港の長い乗り継ぎのときなどに話し合う。まだなにも具体化していないけど、ぼちぼち始めたいなあ。


（2012年10月25日記）

4　インド　2013年2月13日〜28日
みんな自分の意見を言うようになった

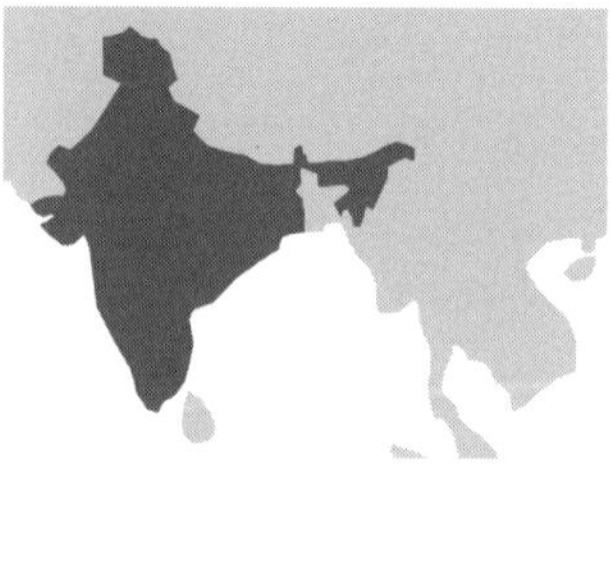

「はじめに」で述べたように、インドのマドヤプラデシュ州の村でのベーシック・インカム試験実施は2012年に行われた。この実験の詳細な報告書が英文で出版されている。厳密な社会実験の検証として興味のある方は、そちらをごらんいただきたい。この訪問記は、その報告書の最終段階での質的調査に同行した際の記録となっている。そこでは、ナミビアの場合と同様の健康改善、経済活動活発化、コミュニティの活性化が確認されている。

ベーシック・インカム実現に向けたSEWAやユニセフ、さらに州や全国レベルでのインド政府などの動きに、当時筆者が期待したほど目覚ましいものはない。その原因の解明は興味深く、重要な課題となっている。

実験が行われた先住民族の村の大きめの家の軒下で小学校校長をインタビュー。

●――さらに劇的な変化

その村にはダムが造られた。ダム湖に沈んだ家もある。でも、ダム湖のおかげで畑に水が引けるようになった。自分が赴任して以来の10年間で村は劇的に変わったよ、という小学校の校長先生の話だ。さらに尋ねた。「昨年、ベーシック・インカムの試験プロジェクトが始まってからはどうでしたか?」。

人類学者で今回の試験プロジェクトの質的調査部門の責任者、ひげずらのサラットさんは、ニタッとうなずいて、それをヒンディー語に訳してくれる。

あくまでも冷静な顔を崩さないまじめそのもの、キリスト教福音派の信者で説教者でもある、年齢は40代半ばくらいかと思われる校長先生が、静かに答える。それを訳すサラットさんは、少し興奮気味。

「ははは。この1年間は、さらに劇的な変化だって言ってるよ!」

「ほう!?」

「村人が自分の意見を言うようになった。そして、お金をめぐる村人どうしの争いがなくなったって」

●――すごい証言

「すごい証言だったね!」とサラットさん。

「ええ。10年前からずっと村を見てきた人が劇的な変化だなんていうところがすごいですね」

「うん。それに、大事なのは、彼が、村人じゃなくて、試験プロジェクトに関して利害関係のない人物で、中立の立場からの証言だっていうことだよ」

と、ずっとこの村で聞き取りをやってきたサラットさんもいまだに興奮気味。

そこは、インド中央部デカン高原の真ん中にあるマドヤプラデシュ州の先住民族（Bhil tribe）の村。独立後のインド共和国憲法で、これまでの差別を是正する措置をとるようにわざわざ書き込まれているカースト制度最底辺の不可触民とされた人々が住む。食事は1日に2回が普通で、お金も収穫物もないときは1日1回きりという栄養不足の村だ。

インタビューの前夜は、花を発酵させて作るこの村伝統の焼酎を、ダム湖で採れた魚を肴にして飲み、そのあとは、結婚式のときの踊りを踊る村の女性たちと、私たちのソーランや阿波踊りが入り混じる踊り交流。さらに、この地域でも激しかったというパキスタンとインドとの分離独立の際の戦闘を題材にした、動物や女性に扮した村の男たちのアクロバティックな動きの入る劇も飛び出した、太鼓入りの楽隊つきの村人の歓迎集会。この劇には、人類学者サラットさんが大興奮。「ここにもこんな劇が残っていたんだね。ベーシック・インカムで生活に余裕ができて、復活したんじゃないかな」。

夜が更けてくると、村の小学校の教室で、車の屋根に積んで事務所から持参した毛布や、村中からかき集められた敷物にくるまって雑魚寝。

校長先生へのインタビューはその翌朝、当然のようにわれわれも朝食なしで、村の家の軒下の土間に座って行われたのだった。

●――ユニセフの資金による労働組合の試験プロジェクト

２０１３年2月中旬、法政大学の私のゼミ生を中心とする10人ばかりで、その村を訪ねた。そこでは女性だけで組織するインドの労働組合として定評がある、全インドで１００万人近くの組合員数を誇るＳＥＷＡ(Self Employed Women's Association:直訳すると「自分自身に雇われた女性労働者の会」)による「無条件現金移転(Unconditional Cash Transfer)」プロジェクトが実施されていた。プロジェクトに資金を提供したのは、子どもの権利のための国連の国際機関ユニセフ（ＵＮＩＣＥＦ）。

すでにインド政府は、これまでの貧困対策や社会政策の中心となっていた現物給付を現金給付に転換することを表明している。それを受けて、それならいっそ、ターゲットとする貧困地域住民の全員に対して無条件に現金を給付したほうが効果的ではないか、という仮説を、実際の村落で社会実験して結果を見よう、というのがプロジェクトの趣旨だ。

もちろん、この仮説が証明されれば、ＳＥＷＡは、デモ行進、ロビー活動、キャンペーンに取り組み、インド政府の政策を変えるために組織をあげて取り組むことになる。ＳＥＷＡは、腐敗役人や政府の無作為を追及してきた、闘う女性たちの労働組合である。彼女たちは、インド社会の最底辺で、厳しい男女差別に苦しみながら、土木工事や農場での日雇い仕事に従事したり、森で木に登ってタバコを巻くのに用いる葉を集めたり、自宅でタバコを巻いたり、線香作りの内職をしたり、さらに路上で物売りをしたりしてなんとか生き延びてきた。

そんなＳＥＷＡのプロジェクトに、子どもの権利を守る国連の専門組織ユニセフが、その趣旨に賛同して資金を出している。つまり、世界がこの実験結果と、労働組合のこれからの運動と、インド政府の動きに注目することになる。世界史の流れがここから変わるかもしれない。

●――ドイツでの出会い

2012年9月にドイツのミュンヘンで開催されたベーシック・インカム地球ネットワークの研究大会。すべての個人に無条件で生活に必要な最低限の現金給付を保障する政策、すなわちベーシック・インカムについて研究する国際学会の2年ごとに開かれる大会だ。世界初の試験実施プロジェクトが行われてすでに5年目になるナミビア、ブラジルとともに、世界で3番目の実験を行ったインドからも3人が全体セッションに参加した。

インドからの報告は、ランダム・サンプリングで選ばれた数カ所の村で、6000人規模の住民に対して、1年間にわたる、薬の効能試験のように対照群を設定した厳密な調査を伴う大規模な実験であったこと、さらにユニセフという国際機関が資金を提供したことなどが注目を集めた。

会場で上映されたビデオでは、インドのカースト最底辺の村の人たちが、全住民対象の現金給付によって活気づいているさまがありありと写し出された。ナミビア、ブラジルと現場を見てきた私にとっては、ダメ押しの大成功としか思えない。これは行くしかない！

会場で、インドのSEWAの代表をつかまえて、現地訪問を約束。それから半年。そのときの会場にいたマドヤプラデシュ州のSEWA事務局長と先住民族女性の活動家と、ついにインドで再会したのである。

●――実験結果報告書作成の最終段階

実は、インドに行きたい！　というメールを出して、しばらく返事がこなかった。催促メールを2度ほど出したところでようやく、ごめんなさい！　いろいろ話し合っていて、という返事。

まだSEWAとしては、正式に実験結果が出るまでは、ベーシック・インカム政策推進を決定したわけではない。あくまで、無条件現金移転の社会実験実施にいたるまでのSEWAの活動を知ってもらうという趣

ベーシック・インカムでヤギを買ったというＳＥＷＡ組織のある実験村の農家でインタビュー。

旨なら、歓迎するよ、と。

担当者となったサラットさんと具体的にメールをやりとりするうちに、不可触民とされてきた先住民族の村での宿泊を含む、もりだくさんな現地訪問プログラムができていく。

現地について、最初のプロジェクト担当者との話し合いのなかで、この2月は実験報告書作成の最終段階だということを知った。私たちを含めて再び現場にいって、結果の見直しをしたい。ぜひ、外部の目から、なんでも質問してほしい。ナミビアとブラジルを見てきたのなら、その内容もぜひ聞かせてほしい！　と。

私は、そんな貴重な場面に参加できたことに興奮して、「ベーシック・インカム的な政策が、村人ひとりひとりの肉体的、経済的、社会的なパワーをアップして、社会を活性化していくことは、もうはっきりしていると思う。問題は、そんな政策を実現させる政治的なパワーをどうつけていくか。その点で、百戦錬磨の労働組合ＳＥＷＡには、とっても期待しています、これからのインドの展開がほんとうに楽しみです！」などというエールをおくった。

●——ユニセフ代表との会談

ＳＥＷＡは、わざわざ高齢の議長や事務局長や付属機関のＳＥＷＡ信用組合のＣＥＯまでそろえて、マドヤプラデシュ州の州都ボパールでの、ユニセフの州代表との会談をセッティングしてくれた。

ユニセフ代表は、子どもの権利を守るユニセフの活動のなかでも、インド、そしてその中央部にあるこの州での活動の重要性を力説したあとで、ユニセフ機関を代表して、今回の個人向け無条件現金移転の実験プロジェクトに大いに期待しており、効果的であることが実証されれば、さっそく組織をあげて、その普及に努めたいと表明。

なにごとも新しいことには抵抗が大きいもので、たしかに、反対意見はあった。だが、子どもを守るために、子どもだけをターゲットにした活動では限界があることはもはや明白だ。コストと効果の点での有効性が確認されれば、すぐにその成果をユニセフの活動に反映させるとともに、州政府、さらにインド政府にも働きかけていきたい、と。

こちらからは、日本からも注目しているので、ぜひ世界で実現できるように活動してほしい、などとエールをおくる。なんでも、ＳＥＷＡは、この実験プロジェクトの資金を、イギリスの公的援助機関、アメリカのある財団、国連のほかの機関などに打診したあげく、ようやく、この州のユニセフが取り上げてくれたという（もっとも、ユニセフにその資金を提供したのはイギリス政府だという話だった）。

●——厳密な社会実験

というわけで、とにかく、薬の効能試験のような実験が行われた。同じ期間にインド社会全体に起こった変化と、現金移転という薬の効果とを比較可能にするために、現金移転を実施した村落としない村落の両方で調査した。さらに、支給開始前、途中、開始後に調査を行い、その調査も統計的なデータを集める量的調査と、社会人類学のサラットさんが担当したひたすら聞き取りをする質的調査が行われた。

サンプルとなる対象の村も、SEWAが活動している村と、活動していない村の両方から、ランダムに選定。純粋な現金移転の効果とSEWAの活動の効果とを区別できるようにするためだ。先住民族の村でも実験が行われたのは、州政府からの要請だという。カースト差別対策への効果も、ついでに、調べて！　ということで。

実験の全体は、ILO（国際労働機関）のプロジェクトを担当して国際開発・労働分野での長年の経験をもち、以前からSEWAともかかわりのあったイギリスの経済学者で、ベーシック・インカム政策の熱烈な唱道者でもあるガイ・スタンディング氏が加わって計画されたという。

そう、そのスタンディング氏は、ドイツでの学会報告のときに、自分も映っているプロジェクト村の様子と村人の話の入ったビデオを見ながら、「ビデオ完成後初めてみたもので……」と言いながら、満場の聴衆の前で涙をぼろぼろ流した人。とにかく、大変な苦労だったらしい。

●――若者たち、女性たち、老人たち

サラットさんは、この調査の実際面を担当したSEWAが動員した若手スタッフたちと、こちらのゼミ学生との交流に、大いに力点を置いてくれた。ほぼ1週間住み込んだインドールの町のホテルでは、こちらの男子学生の部屋に、インタビュー調査の手伝いをやっていたインドの男子学生も同宿。

なんでもカルチュラル・スタディーズの専攻とかで、カースト制度や宗教、言語の問題など、歴史的な視点と植民地支配や文化支配の観点からインドのことをよく勉強していて、話していておもしろい。ああ、こういうの日本にもいるよね、という飄々とした雰囲気の、ひょろりとした学生。

女性だけの労働組合なので、当然女性のスタッフが多いが、若い男性スタッフもそれなりにいる。プロ

SEWAの活動について話を聞いたインドールの町の貧困地区の子どもたち。太鼓と踊りを披露してくれた。

宿泊した先住民族村の保育施設。子どもたちが歌で迎えてくれた。

ジェクトをやったSEWAの村、SEWAのいない村、先住民族の村、さらにプロジェクトとは直接関係のないSEWAの都市の活動拠点やSEWAが作って無担保低利子で貸し付けをやる信用組合を訪問するうちに、私も、学生たちも、一見混沌としたインド社会を底辺で動かす人々の動きを実感した。

●――お金を飼い馴らすファイナンシャル・リテラシー

その信用組合のオフィスの2階では、村人を相手に開発されたゲーム（コンピューターゲームではない！）を使って、信用組合がSEWAとともに取り組んでいる、ファイナンシャル・リテラシーの教育を体験した。

ユニセフがお金を出して、欧米の教育機関が開発したものを元に作ったものだという。すごろくのようになっているもののほか数種類があるが、要するに、「つまんないことでお金を使ってしまうと、あとで困るよ。

ちょっとずつでいいから、お金を貯めておこうよね。遊んだり、宗教のお祭り、冠婚葬祭にはずんだりする前に、病気やケガのときの薬、子どもの教育、どうしても必要な出費があるでしょ。そのことをよく考えようね。高利貸しに借りるとあとが大変、ほんとうに損するよ」というのが基本メッセージ。無条件現金移転の試験プロジェクトの後は、このような金融教育に力を入れているという。そうそう、試験プロジェクトでは、①無条件、②現金、③個人向けということのほかに、④銀行口座を通じて、⑤毎月定期的に、ということにもこだわったという。

この銀行口座の開設は、村ではほんとうに大変だった。口座開設が間に合わなくて、当初は、SEWAのプロジェクトスタッフが現金を持参したという。ただし、SEWAの活動する村では、SEWAの活動家を通じて、SEWAの信用組合がすみやかに口座を開設したそうだ。

●――高利貸しと地主への債務奴隷制が根づいた村

村人へのこれまでのインタビュー記録と、私たちのインタビューによって明らかになってきたのは、こんなファイナンシャル・リテラシー教育がほんとうに熱望されるような村の現実だった。

インド経済の対外開放と自由化によってなるほど村の内部からも中間層のようなものが生まれてきているかもしれない。われわれも、車や新築した家が並ぶSEWAの活動していない村のカースト上層部分の家を見て、その流れは確認できた。

しかし、その同じ村の不可触民カースト住民の農業労働者たちは、現実に、借金のために異常な低賃金で、上層カーストの農民のために働いているという。特に子どもは、借金のかたに奉公人のような暮らしを強いられている場合もあるという。

そんな不可触民カーストの方の家にも入れてもらったが、きれいに掃き清められた土間に、直接に敷物を

SEWA組織のある実験村の家の台所。インタビューで夕暮れになり、チャパティを作ってくれる。

敷いて寝るくらし。雨が降ると、ほんとうに大変だと、案内のＳＥＷＡの人。だから、ベーシック・インカムのお金で、トタン板を買って屋根の雨漏りを直した人が多かったんだよ、とサラットさん。家人に聞いて、彼が、ほら、と指さす方をみれば、天井のない草ぶきの屋根の端にトタン板のようなものが内側から見えている。そのかまどのある土間に続いて、やや広い土間があるのは、牛が寝る土間だという。「のみしらみ馬が尿する枕元」という芭蕉の句が頭をよぎる。こちらの土間のかまどの上で、壊れたテレビが無用に光っている。

そんな人々にとって、ほんの1年間でも、食料や借金返済などの出費に使えた無条件現金移転はうれしかったようで、老女たちが花を差し出して迎えてくれた。

ＳＥＷＡの活動する村や先住民族村では、ＳＥＷＡの信用組合での積み立てと合わせて、実験のお金で、ヤギや水牛や牛を買ったなどという話が続出。

●――先住民族村での住民集会

サラットさんの話では、現金移転実験を開始してしばらく後、われわれが宿泊した先住民族村では、住民の集まりがあった。そこでは、村のある老人が、これを機会に、これまでの結婚式や祭りでの大盤振る舞いをやめようではないか、という提案をしたという。小学校長が「村人が自分を表現するようになった」というのは、具体的には公共の場でのこのような発言を指すのだろう。

サラットさんたちがこれまでに行った村人へのインタビューの記録を見れば、村人の家計のなかでの結婚式と祭りの出費は、極端に大きい。村人は決して愚かではない。だが、これまでは、その老人のような提案が出されたことはなかった。個人への無条件の現金移転をきっかけにして、人々は、お金の使い道を真剣に考え、お互いに示し合せてお金の流出を防ごうとしているのではないだろうか。

グローバル市場経済は、まさにお金の支配する世界だ。しかし、お金のせいで人々の絆はずたずたになり、飢えに苦しんできた。にもかかわらず、村人たちは村の伝統としきたりに従ってきた。だが村人たちは、今、社会実験のお金で一息入れ、自分の意見を表明し、話し合いの場を取り戻している。その老人の提案は、これを機会に新しく人と人との絆を作りだし、村人どうしで示し合わせ、ひとりひとりがお金をうまく使うことで、だれも破滅することのないような、そんないい人間関係と新しい伝統を作ろうよ、という呼びかけなのではないだろうか。

●――ひとりひとりがお財布の口を握る自由社会

ひとりひとりがお財布の紐を握るのが自由社会というものだろう。社会学者マックス・ウェーバーの理屈を平たく言えば、近代社会の合理性を支える計算可能性は、ひとりひとりが自分のお財布の紐を握って、試行錯誤をすることから生まれてくる。

お財布の紐を握って、初めて、自由にものが言える、なんてこともあるかもしれない。公共圏の活性化、熟議民主主義の実現、などと叫ばれているが、自分が生活できるだけのお財布の紐を握って、経済的に自立できたときに初めて、だれもが自由に発言できる市民になれるのではないか。

自分の生活のためのお財布を通じて、ひとりひとりの自由を社会が保障するという社会。そんな社会の仕組みは、これまでの意味での自由主義でも社会主義でもなく、経済的に自由な市民の社会、経済的自立に裏付けられた市民社会といっていい。それは、階級構成としては、賃金労働に依存しなければ生きていけない階級（プロレタリアート）が消滅し、ベーシック・インカムを受け取るひとりひとりが、経済的に自立した階級、つまり小ブルジョア階級に転換するものといえる。新しい市民革命の実現といってもいい。

それは、「新しい」自由主義の掛け声のもとでお金の支配が進み、人間関係と社会がずたずたにされながらも、「社会のため」を掲げて人々をだましてきた社会主義や資本主義の行政国家の官僚支配への反発から、グローバル市場経済を受け入れるほかになすすべもないかにみえる21世紀の人類社会にとって、新しい道を示しているように思える。２０１２年のインドの現金移転実験は、その方向に向けた、壮大な実験といえるだろう。

（２０１３年３月27日記）

5 アラスカ　2013年8月29日〜9月8日

正義を実現するには経済的な力がいる

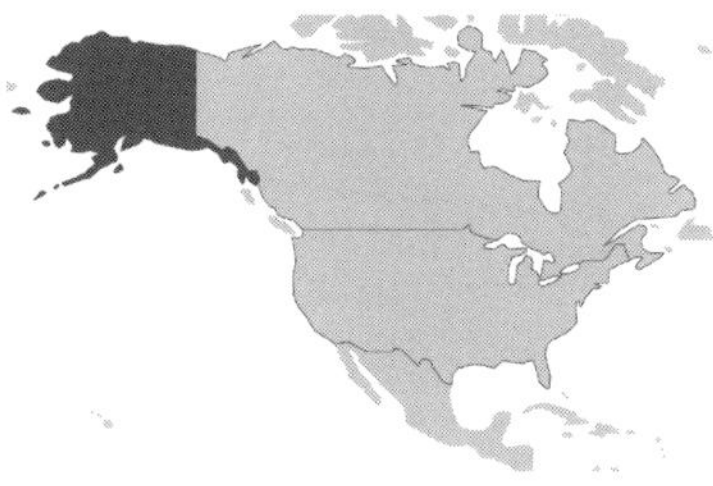

アラスカ恒久基金（永久基金と訳されることもある）と先住民族の権利、そしてベーシック・インカムとの関係については、本書「はじめに」と、この訪問記のなかに記されているので繰り返さない。このような視点でのアラスカ調査の記録としては、世界的に見ても稀有なものであり、貴重な記録となっていると思う。

●——合衆国政府と向き合うアラスカ先住民の代表

州政府を飛び越えて、アメリカ合衆国政府と直接に交渉する権利をもつアラスカの先住諸民族全体の代表は、アンカレッジにある町のビルに事務所を構えていた。ゼミ生有志も同行するほぼ2週間のアラスカ調査の最後のイベントが、その先住民族同盟（Alaska Federation of Natives）のプレジデントとの会見だった。

最初は副プレジデントが会うという話だったのに、途中でプレジデントが対応してくれることになった。

私がメールに書いた「アラスカ恒久基金配当」（Alaska Permanent Fund Dividend）についての質問が興味をひいたようだ。1980年代以来、アラスカで取れる原油のうち州政府の取り分となる収益を積み立てて運用し、投資収益をもとに、1人当たり約10万円（毎年変動する）が全州民に無条件で配られている。それが「アラスカ恒久基金配当」だが、これを引き上げてベーシック・インカムの実施を要求していく可能性はないのか？　というのが私の質問だった。

プレジデントは、名前からみて女性かと思っていたら、やはりそうだった。白人ばかり出てくる一昔前のアメリカのホーム・ドラマの背の高い母親役のような感じ。エスキモーとアリュートとアメリカ・インディアンという大きく分けて3つの民族集団からなるとされるアラスカ先住民の人たちのなかには、見るからに日本のどこかの人にそっくりのアジア顔の人もいれば、こんな感じのヨーロッパ風の人もいる。

副プレジデントは若い女性で、法律の専門家。メールでやりとりしていた事務局長の若い男性は、アラスカ恒久基金投資会社（Alaska Permanent Fund Corporation）の元取締役で、アメリカ・インディアン系の先住民族が住むジュノー近辺の原住民地域会社（Native Regional Corporations）のうちでも巨大なものの一つ、シーラスカ（Sealaska）の取締役の息子さん。

「彼のパパは、あなたたちが興味をもっているアラスカ恒久基金の役員だったのよ」とプレジデントがさりげなく紹介してくれる。ひょろりと背の高い長髪黒髪で黒い眼の彼は、日本の大学の教室に座っていても違和感がない。

●――恒久基金配当よりも多い原住民地域会社の配当

プレジデントの采配で、われわれ一同に飲み物が行き渡り、ひととおりの自己紹介やら、組織の紹介やらのあとで、プレジデントに聞く。

インタビューに応じてくれた先住民族同盟プレジデントのジュリー・キトカさん（左）と事務局長のベン・マロットさん。

「先住民族の立場からは、アラスカ恒久基金配当のもとになっている原油からの収益は、先住民族のものになるべきでは？」

プレジデントは答える。

「私たち先住民族と合衆国政府との間での交渉の結果がこれなの。１９７１年のアラスカ原住民請求権措置法（Alaskan Native's Claims Settlement Act）っていうやつね。その結果、私たちは、合衆国政府から原油が取れない土地を割り当てられた。そしてかなりの資金をもらい、私たちが株主になって、会社を地域ごとにつくれってことになったっていうわけ。あれからほぼ40年。ほんとうにいろいろ大変だったけど、私たちは、会社をほぼ順調に育ててきたわ。あの会社、原住民地域会社は、地域ごとにたくさんあって、それぞれの業績が違っても、利益の一部は、すべての原住民地域会社の株主に平等に配当として分配されることになっているの。その意味では、アラスカ恒久基金配当の先住民族版のようなものね。もちろん、恒久基金配当は、特に都市でないところに住む私たち先住民族にとっては、かなり生活の役に立っているの。でも、金額の面でそれよりも多いのが、原住民地域会社の株式配当。だから、私たちが最も力を入れているのが、会社の運営なの」

●――正義を実現する経済的な力

「なるほど、恒久基金配当よりも、原住民地域会社配当のほうが、先住民族の生活にとっては重要というわけですね？」

「そう。あなたがいうように、アラスカの原油の収入がもっと私たち先住民族の生活のために使われていいと思うし、歴史的に見れば、アラスカは私たちのもの。だけど、ただ、そういう正義を主張するだけではだめなの。正義を実現するには、経済的な力が必要なのよ。合衆国との交渉の過程で私たちが学んだことはそのこと。だから、今は、私たち自身が経済的な力をつけることが大事なの。それが、地域会社の運営。賢い資源の利用と雇用の創出、そして、配当金の分配なの」

非常に実践的で、しかも同時にすぐれて社会学的なプレジデントの正義論に、思わず背筋がゾクッとする。現場の人はおもしろいことを言う。世界史の深い亀裂をのぞきこむ思い。

●――シーラスカの遺産保全部長

同じことは、最初に訪問した州都ジュノーでも経験した。ジュノーの原住民地域会社シーラスカの本社ビルの受付で、運よく、人類学者としても有名な、民族遺産の保全部門の責任者である初老の女性と出くわした。アラスカ恒久基金の原資となっている石油収入は先住民族のものではないかと思うのだが、という私たちの疑問を聞いたとたんに、彼女は、ニコッと微笑んで言った。

「ふふふ。あなたたちは、私たちが、なんて寛大な人なの、って言いたいのね？　まったくそのとおりね。私は、さきほどまで、歴史の論文を書いていたところ。クリミア戦争のあとに、ロシア帝国がアメリカ合衆国にアラスカの地を売ったときのこと。私たち先住民族の祖先は、だれも、ロシア帝国に入ります、なんて言った人はいなかったわ。そんな土地をどうして、ロシアがアメリカに売るなんてことができるの？

でも、現実はごらんのとおり。アラスカはアメリカ合衆国の一部になって、原油収入は、州政府のもとへ。そして、その投資収益が恒久基金配当として州民全員に配られるってわけね」

●――続く土地問題の交渉

「そういえば、土地問題の交渉は今でも継続中でしたよね？」

「そう。私たちは譲歩を重ねて、ここまできたの。でも大事なことは、いまでも主権、自分たちで自分たちのことを決める権利をもっているってこと。まだまだ、これからね」

彼女のことは、私たちがアラスカで最初に入った町ジュノーで最初に話した先住民族の若者Tさんが、畏敬を込めて語っていた。Tさんは、彼女のもとで民族遺産の収集と保存の仕事をやっていたことがあり、あの地域の美しい島の原生林の伐採権をもつ先住民族の原住民地域会社シーラスカの伐採計画と、それを批判する合衆国全体の環境保護団体などとの間で意見の食い違いが発生したときに、メリハリの効いた形で部分的に森を守るやり方を提案しつつ、あくまで自分の土地の使い方を自分たちで決める先住民の権利を主張したことで有名になった人だという。

●――海外旅行か修学資金

そのTさんは、ジュノー周辺地域の先住民族、いわゆるアメリカ・インディアン系諸民族の代表会議のビルの1階で、保健・医療系の人材紹介の仕事をやっていた好青年。突然の訪問だったにもかかわらず、仕事を中断して、わざわざ別室に案内して、「いやあ、君たちの質問じたいがとてもおもしろいね」と言いながら、質問に答えてくれた。

「とにかく、就職がむずかしい。だから、若者の自殺が多い。自分は、バンドを組んでるミュージシャンでもあり、ジュノーの少し南にある美しい島の出身。そこの踊りももちろん踊るよ。祭りのときにくればよかったのに！　とにかく、いまは、この仕事をがんばってやってる。自分たち先住民族のためにできる最善のことをやりたい」と。

アラスカ恒久基金についての私たちの関心それじたいが、興味深いようす。

「たしかに、ほとんど狩猟や漁労で暮らしている自給自足のような先住民族の村では、恒久基金配当は、大いに生活の助けになっているね。今じゃ、寒いこの地でたくさん使うようになった灯油やガソリンが高いからね。でも、みんなもここの物価を見てわかるだろうけど、町に住んでいちおう仕事がある人たちにとっては、あのお金はね、まあ、冬の休暇の前のちょっとしたクリスマス・プレゼントのようなもんだ。子どもがいるところは、修学資金に貯めておいたり、そういう予定がない人は、海外旅行資金だね。メキシコとか、ハワイとかへの」

●――みんなに配るっていうの、俺は好きだね

日曜と休日が入ってしまうと、博物館以外は行くところがなく、有名なジュノーの氷河なども見に行く。その際に利用したタクシーの白人の運転手さんは、若いときにほかの州から移住してきたという。恒久基金のことに話を向けると、「ははは。あれは、毎年11月に振り込まれるから、ほんと、クリスマス・プレゼントだね。アラスカはこれがあるからいいね。俺は、ああいう発想が好きだね。石油のもうけを全員に配るっていうやつ。合衆国政府の福祉っていうと、ほんとうにむかつくよ。働かずに福祉で暮らして、そのくせ車を乗り回しているやつがいるんだ。ああいう福祉はきらいだね。俺なんか、こうやって、休日の朝から働いてるのにな」。

ジュノーの大通りのかなりど真ん中に、ホームレスのための避難所、そして、無料で食事を提供するとこ

ろがあり、見学に行く。商店街のなかにあるビルの1階が、食堂兼たまり場になっていて、常時20名くらい中年以上の男女がいる。そのなかには、ちらほらと明らかに先住民族系の顔の人もいた。タクシー運転手のいう、遊んで暮らせる福祉の人々がこの人たちかどうかは、わからない。

●――ホームレスの避難所

食事のときにおいでよ、ごちそうするし、というのを遠慮して、食後時間に尋ねたのが、今思えば残念だった。ボランティアの料理スタッフが避難所について説明してくれる。その間にも、二人連れの警官が登場して、だれやらがきたら連絡してくれ、といった、きなくさい会話も聞こえてくる。

この避難所、路上のホームレスが凍死した事件がきっかけとなって、有志が資金や労力を出し合って数年前に発足したとか。市長さんは、毎年彼の恒久基金配当を寄付してくれるそうだ。そうしてくれる人は多いという。

2階が事務所とホームレスの宿泊所、そして3階には温室つきの屋上庭園があって、トマトやレタスなどを作っている。宿泊するホームレスの人が農作業をし、できた野菜は下の無料食堂で出すという。案内してくれた食堂の料理長は、コックとしてどこかの店で働いていたそうで、俺の料理は昔から町の評判なんだと胸を張る。そんな説明の間にも、20代の若い女性が、料理ボランティアとして現れる。

●――先住民族を殺すアルコール

日曜の昼下がり。ホテルの近くの小さな先住民族記念公園には、明らかに先住民族系の老夫婦と息子らしき家族がベンチに座って、陽だまりのなかにビール瓶を並べて、ラッパ飲み。

こっちはそのそばに座り込んで、公園にある先住民族の民話のレリーフを見ながらアイスクリームを楽しんだのだが、向こうの家族は、どうやら飲んだくれらしき老夫婦とすでに30代かと思われる息子との間で、ときたま険悪な大声が飛び出し、雲行きが怪しい。

こちらは早々に切り上げて、公園前の横断歩道へ。道路を渡ろうとすると、30代くらいに見える精悍な、しかし誠実そうな面影を留める先住民族系の顔つきの男性がよろよろとふらついて、横断歩道のど真ん中まで来ると、どたり、と倒れる。まわりにぷーんとアルコールの強い臭い。

車が急停車し、その気配で彼はまたよろよろと起きだして、歩道へ。歩道をゆらりゆらり、私たちの前を歩いていく。通りがかった先住民族系の顔つきのでっぷり太ったおばあさん、なにやら言葉をかける。酔っ払いおじさんのほうは、おばあさんが話しかけるのを神妙に聞いている。

「兄弟（Brother）！」と呼びかけるのが聞こえたので、親戚かしら、とも思ったが、単に同じ先住民族の若者が泥酔しているのを見かねての声かけだったのだろう。先住民族の若者の失業率は80％、自信と居場所をなくして自殺が絶えない、というTさんのことばが頭のなかを駆けめぐる。

先住民族の歴史ではどこでもそうだが、特にアメリカでは、白人のもってきたアルコールが先住民族の生活をずたずたにした歴史がある。

そのせいか、先住民族のプレジデントとの最後の晩餐でも、向こうの人は全員アルコール抜き。「アルコールと私たちは特別な歴史があるからね。でも、いいのよ、気にしないで、あなたは飲んでもいいわよ」とのプレジデントのことばに甘えて、ワインを頼んでしまったが。

●――ジュノーの町の底力

日本でいえば、木曽路の旅籠町のように、タイムスリップを感じさせる古いアメリカンな街並みが、ジュノーの下町だ。われわれの宿も史跡指定の築100年のくすんだホテル。明らかに先住民族系の会社が経営

ホームレス支援食堂・宿泊所の屋上野菜農園。

ジュノーのホームレス支援食堂宿泊所のボランティアスタッフ。

ジュノーの州庁舎にある恒久基金担当の案内デスク。

する先住民族ブランドのコーヒー屋が何件かあり、この地域の先住民族が伝統的に用いてきた図柄をアレンジしたグッズを売っている。この町は、アメリカで人気のアラスカ・クルーズの目玉停泊地なのだ。

ふとした街角に、障がい者の作業所があって地元アーティストの展覧会をやるアトリエが併設されている。土曜には、食品まつりとやらがあって、行ってみれば、地元の有機農家や工芸作家の土曜市。夜には同じ会場でチェロ・コンサート。もう何年も続くイベントらしく、こちらに先住民族系の顔は見当たらないが、それでも、ボランティア社会といわれるアメリカ市民の底力のようなものが見えるような。

ジュノーは、19世紀末に金鉱が採掘されるようになって、大きく栄えた町。町はずれには、当時の金鉱の跡地が、さまざまの建物の廃墟に説明プレートをつけただけの歴史公園となっている。金鉱の労働者として、日本人、中国人、フィリピン人なども多くいたようで、町にはフィリピン系の人物の銅像や、会館も。先住民族差別に対して激しく闘って権利獲得に貢献した有名な先住民族女性もこの地に現れた。

州都なので、下町のはずれには、アラスカ恒久基金の資金運用を担当する恒久基金投資会社の本社ビルがある。町の中心部には、恒久基金配当の配分を担当する州政府の窓口もある。そのホームページでは、移入してまもない州民などの不正受給を審査し、詐欺として摘発する活動が宣伝してあったが、窓口のお姉さんお兄さんは愛想がいい。

●――アラスカ大学南東（ジュノー）校

ジュノーの下町からバスで30分ばかり。氷河の山を望む美しい湖（池?）のほとりにキャンパスがある。メールで連絡をつけていた先住民族研究担当の、先住民族出身の大学教員にインタビューした。

湖を見通して氷河の山が見える美しい学食で昼食のあと、ふとみれば、階下に先住民族学生センターの部屋。訪れてみれば、先住民族の女性職員が大歓迎。あらかじめ連絡をくれれば、先住民族の学生とのミー

山と海に囲まれたこじんまりとした美しい、州都ジュノーの街並み。

ティングを設定したのに、と悔しがること。

学内を案内してくれる。彼女は、アラスカ恒久基金とベーシック・インカムを結びつける私の説明に大いに興味をもってくれる。

学期はじめの多忙のなかで時間を割いてくれたまだ若い大学教員のJ氏は、この地域の先住民のことばでわれわれを歓迎する挨拶のあと、ベーシック・インカムの可能性と恒久基金の関連についての質問に答えて言う。「お金の問題じゃないんだ。失われる文化、奪われた言葉をなんとかして取り戻すこと、これがいちばんの問題なんだ。ほら、彼のように、私たちの親の世代でさえ、自分たちの民族のことばがしゃべれなくて、いまようやく大学で学んでいるんだ」と、たまたま先住民族学生センターに来ていた初老の男性を見て、ニコッとした。

●――アンカレッジ

ジュノーは、山と海に囲まれたこじんまりとした美しい町だが、アンカレッジとフェアバンクスは、だだっぴろい扁平な街並みが広がる、いかにもおもしろみのないアメリカの町。だが、経済の中心はアンカレッジだ。原油が出る北極圏への玄関口、フェアバンクスの町に向かう直前に、アラスカ恒久基金配

ロープウェイで登れるジュノーの町を見下ろせる山。

当の導入当時、政府の法律顧問としてその議論にかかわった弁護士クリフ・グローさんに会ったのはこの町アンカレッジだ。最近になってベーシック・インカム研究者の間で、急に脚光を浴びて、相次いで刊行されたアラスカ恒久基金に関する本の一部を執筆している事情通だ。

「いやあ、学部生まで含む調査団とは驚きだ。いままで2カ国からぼくのインタビューにきた調査団がいたが、せいぜい院生だよ。すごいもんだね」と、こちらに対して興味津々の様子。スナックを出すから、事務所まで来てね、というメールでの約束どおり出してくれた、アラスカ名物ブルーベリーのお菓子。それをつまみながら、2時間ばかりのインタビュー。

●――〝できちゃった〟基金配当

彼の説明は、こうだ。

「あれはね、〝できちゃった〟基金配当なんだ。委員会では、ほんとうに、いろんな意見があったよ。とにかく、原油が見つかって、採掘が始まって、州政府に突然入ってきた大金。それをどうするかってことだよ。アルミニウムの大精錬工場を作るっていう計画もあって、ずいぶん熱心に計画も立てたよ。ダムを作って、電力を作って、もちろん、道路も、送電線も、大工場も、っていう大工業化計画さ。でも、結局、そういうのはやめよう、っていうことになったのさ。そんなことをやっても、外部の企業、外部の技術者、州外の人たちに金が回るだけさ。そんなことより、州民の金だ、みんなでわけよう。ひとりひとりが使い道を決めればいい。そうなったわけさ。

これから？　石油は、どのみちなくなるね。そうなると、その大金が消えていくわけだ。そうなってきたときにどうするかだね。すっかり根付いてるから、政治家がだれもやめたがらないだろうね。でも、お金がなくなるとしようがないさ。どうなるかなんて、だれもわからない」

「先住民族にとっては、どうかしら？」と聞けば、

「先住民族と連邦政府との間には、原住民土地請求権措置法があるからね。いまさら州の土地の原油にどうのこうのはないし、その政治力もないね。まあ、先住民族も含めて、いろんなところからの移民も含めて、みんなにお金が配られるところが、恒久基金配当のいいところかな」

著書を手にするアラスカ恒久基金配当導入当時の政府法律顧問クリフ・グローさん。

●——アラスカ大学フェアバンクス校

北極圏に近いフェアバンクスまで行った大きな目的は、『アラスカの石油——多国籍企業対政府』という本を出したアラスカ大学フェアバンクス校の政治経済学研究グループに会うためだった。そういうわけで意気込みいっぱいの私は、訪問の前夜、早めに就寝。ほかのメンバー全員は、タクシーで町はずれに向かい、深夜までねばって、オーロラを見たという。

翌朝、いよいよ大学へ。まず大学内の博物館を見学。なかなか充実していた。第二次世界大戦中の日系人の強制収容とともに、先住民族のアリュート民族も日本との内通を疑われて強制収容され、それに対する合衆国政府の謝罪と補償にまでいたる、という歴史の展示もあった。

そしていよいよインタビュー。学期はじめの学生たちでごったがえす授業の合間をぬって、政治学科のフロアで、場所を変えながらの2時間余りのインタビューに応じてくれた。

まず、驚いたのは、執筆グループの教員たちのだれも、無条件で個々人の生活を現金移転で保証し、失業をなくし、自由な経済活動を促すというベーシック・インカムのコンセプトを知らなかったこと。

彼らの本には、恒久基金のことも書かれているのだが、最近のベーシック・インカム研究からの熱い視線は、まったく知られていない。日本でもそうだが、学問のタコツボ化を痛感しながら、コンセプトを説明し、こちらの質問をぶつけてみる。

●——「そんなふうに考えたことはなかったな。おもしろいね」

「本には、恒久基金配当は、ポピュリズム（大衆迎合政治）だって、書かれていたけど、大衆の意向のなかに、悪いものじゃなくって、自分のことは自分で決めたい、っていう自決権という、民主主義にとって大事なものが含まれているっていうことはないですか？　そこに官僚政治を乗り越えていきたいという人々の思

インタビューにこたえてくれたアラスカ大学フェアバンクス校政治学部のジェラルド・マクビース教授。

いがあるのでは？」

「うーん、そんなふうに考えたことはなかったな。おもしろいね。とにかく、私たちが考えたのは、一度できてしまった恒久基金配当は、もうだれもやめることはできない聖域になってしまったっていうこと。そして、原油が枯渇してくるこの先に、それをどうするかが問題になってくるだろうこと。これから先住民族の問題がどう動いてくるかもわからない。先住民族が恒久基金配当をどうのこうのという力は、まだまだもてないだろうとは思うけどね」

先住民族問題についても書いていた女性の研究者が言う。

「でも、たしかに、若い人の人口でみると、出生率の高い先住民族の比率は高いわね。それはこれからのことを考えるうえで、とても重要なことだと思っているわ」

●――とにかく、町とは全然違う

ジュノーではいちおうホテルに宿泊したが、フェアバンクスの宿は、バックパッカー向けのホステル。少し歩くと米軍基地で、朝晩、ラッパの音が聞こえる。肝っ玉母さんの雰囲気の宿の女主人は、やはり、ほかの州から若いときに旅できて、ここが気に入り、同じ境遇の彼氏を見つけ、気がついたら20数年とか。

先住民族とアラスカ恒久基金という私たちの旅の目的を聞いて、彼女は、かつて、洪水被害からの復興で数カ月間、田舎の先住民族の村に住み込み、復興作業の経理の仕事をしたときのことを話してくれる。トイレも水道も、基本的な衛生施設が何もない村。都市との落差があまりにも大きくて、愕然としたという。政府が、そんな基本的な生活に必要なものにお金を使わないのはおかしいと感じたという。

フェアバンクスでも、ジュノーと同じく、小さな公園を会場にした有機農業者たちの直売市があって、宿の女主人もクレープの店を出し、来てくれれば無料サービスありだよ、という。そこで、1日フリーチケットを買い、バスに乗ってみんなで出かける。

アラスカは他州よりも物価が高く、ふつうのレストランでさえ日本の気取った店よりも高いくらい。宿ではかなり自炊でしのいだ。直売市の帰りに、スーパーマーケットに寄って買い物。広大な駐車場に、有名なウォールマートなどのスーパー、そしてガーデン関係や、電気製品、コンピュータ関係などの巨大な店舗が並ぶ。その一角ではいかにもアメリカな光景が広がっている。

●――石油会社が資金を出してクジラ漁？

アンカレッジからフェアバンクスへの行きは、展望車のついている列車にしたのだが、帰りは、節約して、乗り合いタクシー。ほぼ1日がかりでハイウェーをすっとばしながら、運転手とよもやま話。

運転手は、兵役でアラスカに来て、そのまま残ってアラスカの大学を出たという。飛行機整備会社から、なんと北極海の原油採掘会社で石油探査に必要な物資調達部門の責任者までやり、いまは退職して、時々タクシー運転手をやっているという。

北極海の先住民族について聞けば、石油会社が資金丸抱えで、船まで出して先住民族にやらせているというクジラ漁の話をしてくれる。とんでもない話だという口調だが、そこには、石油採掘によって先住民族の生活がどう変わったかという話はない。

フェアバンクスの図書館の司書をやっている彼の奥さんの話として、フェアバンクスにもストリート・チルドレンがいるよ、という話も。先住民族の子どもではなく、白人の子どもで、どうやら家庭に問題があるらしく、夜じゅううろついていたという。

●——アンカレッジの夜

アンカレッジの町の中心部にある安宿へ。周辺を少し散策すれば、労働組合の事務所、ゲイ・レズビアン・センター、レイシズム反対センターなどの看板が見える。それぞれ、後学のためにあとで見学にいった。博物館、アラスカ大学アンカレッジ校、さらに先住民族病院なども見学。そして、メインが、冒頭に紹介した先住民族代表への訪問だったのだ。

冒頭の会話のあとで、学生の1人がプレジデントに質問した。

「先住民族の人たちは、アメリカから独立したいと思っていますか?」

プレジデントは、にっこり笑って、即座に答える。

「そうよ。独立したい。できることなら」

この大胆な質問には、通訳の私が驚いたが、この大胆な答えには、私だけでなく、むこうのスタッフたちも、驚きの顔。プレジデントは急いで付け加える。

「ふふ。盗聴器はないわよね。でも、ほんとうに、そう思う。もともと私たちはここで自立していたのだから。でも、今じゃ、それはむずかしい。せめて、アラスカの原油をすべて渡してくれるなら、それは可能ね。もちろん、軍の基地とか、いろんな問題もあるけど」

そんな話し合いをおもしろく思ったのか、帰り際に、プレジデントから、最後の晩餐への招待を受けた。

アラスカ最後の夜は、アンカレッジの中心部のレストランへ。プレジデント周辺のスタッフである先住民族の若者たちも含めて、フルコース・ディナーをつつきながらの交流会であった。

●――無条件現金移転プラス地域生産協同組合

アラスカ恒久基金配当の金額は、ベーシック・インカムのコンセプトを充たさないほどの低額だ。つまり、それだけの額では、食べていける金額に達しないので、自由に経済活動を始める前に、食べるための心配をせざるをえない。それでも、無条件の現金移転としては、人々の自由な経済生活を、平等に支えるうえで、足しにはなっている。原住民地域会社は、株式会社ではあるけれども、地域コミュニティの人々が共同で事業をやって、その利益を分かち合うというその内容からいえば、地域の生産協同組合といってもいい。ベーシック・インカム研究では、恒久基金配当のおかげで、アラスカ州は、アメリカ合衆国のなかではもっとも貧富の格差が少ないと指摘されている。

アラスカの貧民のほとんどが先住民族だとすれば、貧民たちがそれほど貧しくないのは、恒久基金配当だけでなく、原住民地域会社配当のおかげもあるはずだ。どちらも、土地を奪われた先住民族と、合衆国政府との間での、土地返還交渉の歴史のなかから生じてきたものだ。

つまり、先住民族の土地を奪って大工業とハイテク産業を発達させてきたグローバル資本主義の成果を、分かち合おうという動き。これまでの世代の人類全体の血と汗の成果をもとに、人類全体で、出発点から体を売る以外に何もできないようなひどい不平等はなしにして、ひとりひとりが自由な経済活動をやれる社会にしようという動き。

そうやって歴史的不正義をただして正義を回復し、ひとりひとりの自由を回復しようとする歴史は、まだ終わってない。地球上のだれもが、どこかの先住民族の末裔だという意味では、人類全員が先住民族だ。ということになれば、先住民族への土地返還の動きが高まったとき、人類がそろって、土地への権利を、無条件現金移転への権利として手にするときがくるに違いない。

いま、全世界の、とりわけ途上国の間で進んでいる現物援助から現金移転への転換（現金移転革命）は、そんな流れの現れといえるかもしれない。アラスカの先住民族の未来を、そんな全世界の動きとの関係でとらえなおすことができれば、未来を思うアラスカの人々を力づけることができるはずだ。

（2013年11月17日）

6 イラン　2014年3月2日～17日

ああ、ヤーラーネ！

イランの補助金改革とベーシック・インカムとの関連についてもすでに本書「はじめに」で触れた。当初私は補助金改革（無条件現金移転）にそれほど興味はなかったが、その後、インドを見て、アラスカ調査を計画するうちに、イランのようすを見たくなり、今回のツアーを企画。４年生を中心とした10名で２０１４年３月初めにイランを訪問した。今回は学生を交えた合同セミナーの形式で、イランの現金移転政策について、私立大学と国立大学の２ヵ所で議論することができた。この旅の中心は筆者の講演とワークショップで構成されていて、無条件現金移転に関する本格的な調査は今後の課題として残されている。とはいえ、イランへのグローバル・ベーシック・インカムの概念の紹介は初めてであり、歴史的な第一歩であったといえる。

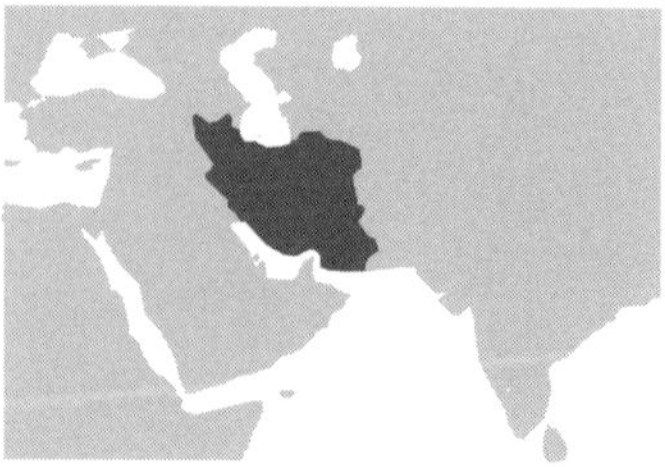

●――ああ、ヤーラーネ！

「ほら、毎月、国からお金がくるでしょ？　1人40ドルくらいだったかな？　いままでは政府が国民に石油を安く売っていたけど、それをやめて、そのかわりに、みんなにお金を配ることにしたでしょ？」

2010年から導入されて、7000万人の国民ひとりひとりに対して、毎月4000円相当を無条件に給付し、世界最大規模の部分的ベーシック・インカムだといわれている、イランの無条件現金移転政策。

それについての私の問いに、今回のツアーでアラーク滞在のお世話役を務めてくれたアラーク大学職員Aさんは、けげんな顔。突然、ニコッとして、

「ああ、ヤーラーネ！　それは、ペルシャ語でヤーラーネといいます。そう、もちろん私ももらっています。大学の先生たちもみんなもらっていますよ。私はお金持ちだから申請しないよ、という人もいるかもしれませんが、それはよっぽどのお金持ちでしょう。そう、大きな会社の社長さんとか。私は、そういう人は知りません。でも、今の為替レートだと、25ドルくらいになってると思います。1人1カ月25ドルくらい。みなさんが空港で両替したレートだとそうなります。物価がどんどん高くなってますから、そんなたいしたお金じゃありません。でも、もちろん貧乏な人にとっては、とても助かるお金ですよ。特に家族が多い場合はね。ひとりひとりがもらえますからね。月給ですか？　普通の肉体労働者の月給は、200ドル。私は事務職なので400ドル。大学の先生だと700ドルくらいかな。だから貧しい人にとっては、けっこう大事ですよ」

●――物価スライド制にすれば？

持参の辞書で引いてみると、「ヤーラーネ」とは、助け、援助、などの意味。

2年くらい前の調査に基づく日本語の旅行ガイド本『地球の歩き方　イラン』に載っている宿やメニュー

の値段は、今では2倍か3倍くらいになってますよ、とは、以前たまたま飛行機でいっしょになったイラン帰りの日本人旅行者の話。

でもイランの通貨が弱くなったので、外国人旅行者にとっては高くない。先の旅行者は、「400円で腹いっぱい食えますよ」とも。しかし、イラン国民にとっては、ここ数年の年率50%ともいわれるインフレーションは大問題。

政府から全国民に無条件に支給されるヤーラーネと称する現金をもらっても、どんどん物価が高くなるのであれば、人々は、貯金するよりは使ってしまうので、需要が増えて、物価が上がる。もっとも、高く売れるとなれば、ものを作る人もどんどん作って供給を増やし、その結果、物価は下がるので、話はそう単純ではない。さらに、都市のいたるところにある銀行は銀行で、場合によっては年率100%を超える恐ろしく高率の利子を設定して、預金吸収に余念がない。

ともかく人々は、このヤーラーネもインフレの原因だと思っている。イランでの講演やワークショップでベーシック・インカムの説明をする私に、「インフレでせっかくもらった現金も、物価高で、何も買えなくなってしまうのでは?」という質問がしばしば飛んできた。私は、次のように答えたものだ。

「物価スライド制にして、物価上昇と連動して、給付額を上げればいいんですよ。日本の多くの私立大学の授業料みたいにね」

物価スライド制の説明をすれば、「ほーっ、なるほど、そういう方法がありますか」と、なんだかみんな妙に感心。私は、あわてて次のように付け加える。

「もちろん、この項目だけ物価スライド制にするのなら、物価上昇が予想される分だけ、準備予算をつけて、優先順位第1位にしておかないとだめです。つまり、国民全員の生活保障と自由な経済活動のために何が何でも現金を渡すのだ、という政治的意思が大事なんです」

●――合同セミナー

今回のイラン訪問の発端は、4年前（2010年）のブラジル。ベーシック・インカム研究の国際学会のあとで、サント・アントニオ・ドゥ・ピニャウという小さな町を訪れる学会有志のツアーに参加した。ベーシック・インカム導入を決定し、基金を作り、実際の支給はこれから、という町の見学である。そこからサンパウロ空港に向かう帰りの道すがら、ふと、マイクロバスの座席の前のほうから、昔、少しかじったことのあるペルシャ語が聞こえてくることに気がついた。おじさん2人の座席のすぐ後ろに移動し、「ペルシャ語しゃべってますよね？」と声をかけた。ギクッとしたらしい2人とはすぐに名刺交換をした。1人はパリに住むＩＬＯ職員で、もう1人はハマダーンというイランの古都の大学教員。ハマダーンのフォトロスさんとは、「そのうち学生を連れていってもいいかしら？」「歓迎だよ」などという会話もかわした。

そのときは、イランで始まったばかりの無条件現金移転にそれほど興味はなかったが、その後、インドを見て、アラスカ調査を計画するうちに、イランのようすを見たくなり、ほぼ2年半後に名刺を探してメールしたのが2013年春。ゼミ学生に話をすると、4年生を中心に10名ほどが参加を希望。向こうの希望に合わせて2014年3月初めに設定し、学生を交えた合同セミナーの形式で、イランの現金移転政策について議論することになった。

●――ミクロとマクロ

フォトロスさんはハマダーンの国立大学の先生だが、同時にアラークという都市の私立大学でも教えているそうで、テヘランの空港からはまっすぐアラークへ向かった。

そこでは、毎年行われることになっている2日間の「持続可能な発展」研究全国大会で、ワークショップと講演をすることになった。フォトロスさんのはからいで、私の講演テーマは、グローバル・ベーシック・

インカムということになっていて、おそらくこのテーマはイランでは初めて。なんだか、歴史的な使命感のようなものを感じた。パワーポイントの資料を示し、国民ひとりひとりに対して、生涯、毎月の最低の生活費を保障する社会にするというベーシック・インカムの考え方、人々の心身と村経済とコミュニティが元気になったというナミビアやブラジルやインドの村での実験結果、それを、全人類70億人に拡大するグローバル・ベーシック・インカムの考え方を説明。グローバル・ベーシック・インカム保障のある社会の理想と、イランが導入したばかりの現金移転政策が、その理想社会に向けての第一歩になりうる、と語りかけた。

すかさず何人か質問の手が挙がる。その勉学熱心なところがとにかくうれしい。特に最後に手を挙げた男子学生の質問がおもしろかった。

「世界は、新しい植民地主義の大国に支配されています。イランは、石油が出てくるおかげで、土地が生む収入に依存する地主国家のようになっています。そんなグローバルな仕組みのなかで、人々にいくらお金を配ってみても、何も変わらないのではないですか?」

「とてもよく勉強していて、いい質問ですね! そのことが、あとで言いたかった、グローバルな社会の仕組みの転換ということです。村でのベーシック・インカム支給の社会実験は、ミクロなレベルでの転換です。そして、私の主張は、そんなミクロなレベルの転換が、マクロなレベルでの転換、あなたが言ったような、今日のグローバルな政治と経済の仕組みを、根本的に変える力になりうるという見通しなのです」

私のそんな答えでは、まだ納得のいかないようすの彼だったが、時間切れ。主催の大学側から、授業の都合で教室移動の指示。質問した男子学生が近寄って、

「ごめんなさい。もっと後で質問すべきだったかもしれないのに。でも、あなたの見通しをもっと勉強したい」

彼の言うように、国際政治や国際経済でグローバル化を論じる多くの文献は、マクロな仕組み、グローバ

ルな支配構造の分析に終始するものが多い。他方で、社会学や人類学や開発研究の多くの文献は、ミクロな変化、身の回りの世界での小さな変化の分析に終始するものが多く、それが、マクロな、グローバルな支配構造の変化とどのように関連してきて、人類の歴史の進展がどのように展望できるのか、はっきりしない。

経済学のミクロとマクロ、社会学のミクロとマクロの関係は、たしかにあいまいだ。ベーシック・インカムのみならず、今日の社会科学でのミクロとマクロの視点の接合という問題を深く考えさせてくれた点で、彼の質問は、私にとっては、今回の最大の成果だったかもしれない。

●——経済制裁をどう思うか?

テヘランの南へ車で5時間くらいの内陸都市アラークは、古都ハマダーンとは異なり、1979年のイラン革命の直前に、アメリカの援助で工業都市として急成長した町。革命のときには、大規模なデモと弾圧があり、子どもだったけど、銃声を覚えている、とはこの町生まれのAさんの話。

革命後、工場はすべて国有化されたが、特にアルミニウム精錬工場からの大気汚染がすさまじく、大問題となったものの、いまだに改善されていないという。大会では、市長があいさつをし、その公害問題にも言及。革命後のイラクとの戦争、そして今は「核開発疑惑」によるアメリカによる経済制裁で、国レベルでは、環境保護より生産第一の方針が続いてきた。こちらは国有企業ではあるが、企業と地方自治体との摩擦が絶えないのは日本と同じか。

インターネットでアラークを検索すると、核開発疑惑の中心地として登場する。そういえば、ついに発見されなかったイラクの大量破壊兵器疑惑のときも、アメリカは、アルミ管製造を理由として挙げていた。

そのアラークの大学の工学部教授で国際交流の責任者から、講演の後、突然聞かれた。

「あなたは経済制裁についてどう思いますか?」

アラーク大学大講堂での講演。

「第一に、イランが原子力発電を開発する、しないは、イランの自己決定権であって、アメリカがとやかく言う筋合いではない。第二に、イランの宗教指導者は、核兵器がイスラムの教えに反すると明言していることを私は知っている。第三に、日本の経験から、地震による福島原発事故の経験から、原子力発電はやめたほうがいいと、私は言いたい」

そう答えれば、長身の彼が大きな点で握手を求めて、ぎゅっと手を握ってくれる。内心、妙な政治宣伝に利用されるといやだな、と思いつつも、こっちの考えははっきりしてるし、と腹をくくる。その後特におかしな動きもなし。核エネルギー開発じたいについても、この公害の町の科学者たちにとってみれば、いろんな意見があるのでは、とふと思う。

●——国立ハマダーン大学とシンポジウム

翌日はハマダーンへ。ハマダーンは、旧約聖書に出てくるアケメネス朝ペルシャ皇帝の妻、ユダヤ教徒のエステル妃の墓があり、今でもユダヤ教徒のコミュニティがある古都。アラークでは砂色の禿山が四方を囲んでいたが（不思議な乾いた塩の湖というか砂漠もあった）、こちらは、まだそろそろ溶け始めの根雪がぬめぬめと白く光る尾根に囲まれた内陸の都市。

アラークもそうだったが、こちらでも大学の宿舎に泊まる。町のややはずれにある広々としたキャンパスには、あちこちにいろんな学部学科のビルがあり、駐車場やスポーツ場などが広がる。

こちらは、アラークのような講堂ではなく、教室を使ったシンポジウム。満員の学生、院生たち、ここは経済学部だが社会学の教員なども参加。

メインのスピーカーとなっていたヤーラーネの専門家の教授は、ちょうど今審議中の国会に呼ばれて急きょ欠席。新しい大統領は、無条件現金移転を改めて、所得制限を導入する方向とか。

フォトロス氏はベーシック・インカムの思想史のパワポを準備して、私のグローバル・ベーシック・インカムの報告への援護をしてくれた。

別の教授は、イラン革命以後、イラクとの戦争を経て、今はアメリカの経済制裁で苦しむイラン経済の現状をしゃべる。さて、私の恐ろしく雄大な、しかし力強い理屈を述べたはずの話が、うまく伝わればいいのだが。

●——おおはしゃぎの学生たち

ヤーラーネという世界最大の無条件現金移転政策をうまく育て、ベーシック・インカムにもっていき、それを世界へ広めて平和な未来を創ろう、イランがその先頭に立つチャンスだよ、というのが私の講演の趣旨。

講演後に学生同士の交流会に向かう途中で、キャンパスで声をかけてきた学生がいた。ジャーナリストでもあるという。前の大統領のときには弾圧がひどかった。ヤーラーネは独裁者の人気取りにすぎない、無駄遣いの典型だ、と手厳しい。

そんな議論をしながら歩いているところに遭遇した3人連れの女子学生。みんなカラスのような真っ黒衣装だが、われわれを見たとたんに、「あ、外人!」とばかりにきゃあきゃあ笑いながら走ってきて取り囲む。

そんな有象無象を引き連れて交流会の会場に着けば、向こうのリーダー格の学生が、学生食堂の男女別の二つの部屋のうち男性部屋を貸切りにして占領し、こちらの日本人学生含めて、お茶とお菓子を前にケータイの画像を見せ合い、おおはしゃぎ。

●——クルド人学生たち

その交流会に向かう前、シンポの会場を出たとたんに、たくさんの学生に囲まれて質問ぜめにあった。女性差別の問題を研究しているという社会学の女性の院生、社会政策で貧困問題を研究というやはり女性の院生、性的役割に関する言説分析をやっているという男性院生……。それぞれが、自分の感心から日本の状況を聞きたがる。さらに男子学生も現れて5人ばかりで学生ラウンジのようなところで1時間ばかり話した。

そのうち1人が、「クルドのことを知っているか?」と聞いてくる。「知っているどころか、パレスチナ問題とならんで、私の中東研究の古くからのテーマの1つだよ」と言えば、全員がどよめき、「私たちは、クルド人なの。ここにいるみんなそうよ」。

たしかにハマダーンは、イランのなかでもクルド人の多い西部に近い。イラン、イラク、トルコ、シリアにまたがる国境地帯に住むクルド人は、サッダム・フセイン以後のイラクではようやく本格的な自治を獲得しつつあるが、イランを含むその他諸国では、抑圧された民族となっている。どう思うか、という求めに応じて、語った。

「グローバル・ベーシック・インカムこそが解決法だと思う。この地域の人々全員の生活が国際的な基金で保障されるのなら、国家に依存する必要がなくなる。そうすると、だれも国家に忠誠を誓って殺しあったりせずに、ゆっくりと、過去の不正義と、これからの正義回復について、話し合いができるようになるはずだ。パレスチナを見ればわかるように、もう民族国家の独立ですべてが解決するなんて時代じゃない。ひと

ハマダーン大学でのシンポジウム。

ハマダーン大学の構内で。日本側参加者の女性も黒い衣装で見分けがつかない。

りひとりが自立することで、お互いの文化や伝統を尊重する関係をつくっていかなきゃ」と、持論の新部族主義論をひとしきり。

学生たちは、ふーん、と腑に落ちない顔。

●――アフガニスタン難民と羊飼い

ツアーの最後に別の町も見よう、ということで、快適な夜行バスで世界遺産のモスクがある別の古都エスファハーンへ。ゾロアスター教聖地の丘を訪ねた帰りに田園地帯を歩けば、かなりの背丈の土塀で小さく囲まれた畑地に、梅、桃、桜のさまざまな種類の花が、花園を作る。そんな土塀の一画の草地で、羊に草を食ませる羊飼いたちに遭遇。

とりあえずペルシャ語であいさつをすれば、お茶を飲んでいけという。真っ黒のやかんを温め、小さな陶器のカップで回し飲みだが、甘い紅茶のうまいこと。

イラン人の羊飼いを手伝うアフガニスタン難民の男性。握手した手がごつごつと岩のよう。

指さし会話帳も活用しながら、片言の会話がはずむ。土塀のそばに止めてあった自動車になにやら積んで、息子らしき若者が去った後、羊を追いながらいっしょに歩く。お茶をくれたおじさんは、自分がかじっていたかぼちゃの種をわれわれにもわけてくれ、小柄な別のおじさんとともに羊を追っていく。

「この人はなあ、アフガニスタンから来たんだ。もう12年になるかな」と紹介してくれる。そのアフガンの人と話はできなかったが、握手した手がおそろしくごつごつでかさかさだった。

「こんどは泊まっていけよ。俺の家はすぐ近くだから」という羊飼いおじさんに手を振って別れながら、イランに100万人いるともいわれるアフガニスタン難民には、ヤーラーネは「やーらーねー」ことになってることを思い出した。

●――ペルシャ語資料の山

つまらない洒落に我ながら苦笑しつつ、イラン滞在中にフォトロスさんに頼んで、院生の人がDVDに入れて作ってくれたペルシャ語のものも含むヤーラーネの資料集をながめた。さまざまなアクシデントが続いて、今回は、農村部あるいは都市の貧困地区でのヤーラーネの影響についてほとんど調査らしいことができなかった。

だが資料を見る限り、イランの研究者たちは、ヤーラーネの経済的・社会的効果について、かなりまじめに取り組んでいるようにも見える。

肉体労働者の月給が２００ドルなら、25ドルのヤーラーネでも、日本の感覚では、２万５０００円くらいにはなるはずだ。年間で１人30万円なら、５人家族なら１５０万円。学齢前の子ども３人とともに、長野県の過疎の村に移住して有機農業をやっている若い夫婦は、米と野菜は作っているので、現金は軽トラックのガソリンや電気代など、家族全員で年間１００万円あればいいと言った。イランの農村で、もしほんとうに日本の感覚で１５０万円相当の現金が入るのなら、なんとか食っていくことも可能ではないだろうか。この問いに答えを出すために、この資料と取り組み、さらに知り合った研究者、学生たちと連絡を取り合って、さらに調査を、などと思う。

（２０１４年４月23日）

あとがき

ベーシック・インカムということばが、どうもすっきりしない。基礎所得、基本所得、あるいは意訳して、生存権所得としてみても、どこか堅苦しく、「よそゆき」で、よそよそしい。漢字の音読が連なるようなことばは、どうしてみても、英語をそのまま日本語風に発音して使うのと、五十歩百歩のように思う。お役所、学校、えらいさん、知識人……。そんな人たちの頭だけのことばで、からだの奥深いところとつながってこない。日々の暮らしの命の営みのなかに根づいてこない。吹けば飛ぶような、いっときのはやりで終わってしまいそうだ。

英語の人々にとって、それは、ごく日常のことばの組み合わせだ。ドイツ語でも、ゲルマン語起源の日常ことばで訳している（Grundeinkommen）。フランス語は、大きく意訳して、「すべての人への割り当て」といった意味の、ラテン語起源のことばを使っている（l'allocation universelle）。スペイン語やポルトガル語では、やはりラテン語起源だが、フランス語とは異なり、なぜか地代や家賃を連想させることばと、土台・基礎となるといった意味のことばを組み合わせている（renta basica, renda basica）。

英米やドイツでは、個人の立場から、「土台として入ってくるもの」といったいかにも個人主義的な雰囲気が漂う。封建領主の土地を農民たちに割り当てたフランス革命の伝統が強烈なフランスでは、正しいことをなすべき政府への思いが、込められているのかもしれない。そして、地代収入で優雅に暮らす大地主の記憶が強烈なラテンアメリカを含むスペイン語・ポルトガル語世界では、土地との結び付きを連想させることばが、わかりやすいのかもしれない……などととりとめもなく考えていて、思いついた。

「ひとりだちのささえあい」ということばはどうか。「独り立ち」と「支え合い」とは、一見矛盾する。その理由は、こうだ。人は、一人では生きられない存在だ。どこかで、支え合いが必要だ。しかし、日本では、支え合いと称するおせっかいが多すぎた。それは、「空気を読め!」として、21世紀になっても、形を変えて猛威を振るっている。だから、独り立ちすることは、支え合いを拒むことのように誤解される。独立心が強い人は、人から支えられることが、自分の独立を脅かすことのように思って拒む。人を支えることが、人の独立を汚すことで、失礼ではないかという思いやりから、それを控えてしまう。

こうして、人々の独立心が強まるともに、支え合いが消えていく。支え合いが消えるとひとりだち、個人の独立はあやういので、人々は不安になる。不安になると、自分を守ってくれる強い力がほしくなる。しかし強い力に依存することは、自分の独り立ちを危うくし、独立心と矛盾する。悪無限の堂々巡りだ。

解決は簡単で、ひとりだちと矛盾しないささえあいを考えればいい。おせっかいではないような支え合い。お互いの独り立ちへの思いやりが貫かれるような支え合い。近代国家は、国民が税金というお金を出し合って国を支え、国が、というよりは、議員さんと役人が、みんなのためになること、公共事業をやってきた。

ところが、いまや公共事業のほとんどはいらぬおせっかいになり、残り少ない地球環境を壊し、お金の無駄遣いをするだけでなく、独立心を失った依存人間を創り出してしまった。生活保護のことを言っているのではない。公共事業に群がる企業や役人や政治家のことだ。

公共事業のお金が、国民ひとりひとりの生活費に回される。食うに困り、路頭に迷う心配がないほどのつつましやかなお金。それは、国民ひとりひとりが、ひとりだちできるということだ。税金として出し合ったお金が、そんなふうに使われるとすれば、私は、喜んで税金を出したい。自分が食べる心配、自分だけが安泰になることだけを考えて動く、野獣のような人間は、もううんざり。食べる心配、金儲けの心配から離れて、しっとりとした思いやりを示しあえるような、ひとりだちした人間どうしの、すてきな関係を楽しみたい。そんな風に思うのは、私だけだろうか。

いや、そうではない。広くて狭いこの地球上のあちこちで、そう思っている人がたくさん。思うだけじゃなくて、そんな新しい公共事業、「ひとりだちのささえあい」を始めてしまった人もたくさん。本書は、そんな人たちのことを知り、あなたが一歩踏み出すためのものだ。

最後に、本書の編集・出版でご尽力いただいた明石書店編集部の大野祐子さん、そして私たちの訪問を受け入れてくれた世界の人々、学会、大学、研究会、私生活などで私につながるすべての人々に謝意を表したい。

岡野内　正

2015年10月7日

【著者（第１部）紹介】

クラウディア・ハーマン　ナミビア共和国福音ルーテル派教会・社会開発部〈DfsD〉理事、牧師

ディルク・ハーマン　同上

ヘルベルト・ヤウフ　ナミビア労働資料調査研究所〈LaRRI〉理事

ヒルマ・シンドンドラ＝モテ　同上、調査員

ニコリ・ナットラス　南アフリカ・ケープタウン大学経済学教授、社会科学研究センターエイズと社会研究ユニット理事

イングリッド・ヴァン・ニーケルク　南アフリカ・経済政治学研究所副理事長

マイケル・サムソン　同上理事、教授

【訳者（第１部）・著者（第２部）紹介】

岡野内 正（おかのうち・ただし）

法政大学社会学部教授（社会理論、国際政治経済学、イスラーム社会論）。1958 年広島県呉市生まれ。1986 年同志社大学大学院経済学研究科博士後期課程退学。論文「パレスチナ問題を解く鍵としてのホロコースト（ショア）とナクバに関する正義回復（リドレス）」上・中・下『アジア・アフリカ研究』（2008 ～ 2009 年、389:16-30, 390:2-13/64, 392:55-84）、「〈民族〉を超える〈部族〉:『暴力の文化』を克服する公共圏の創出」佐藤成基編『ナショナリズムとトランスナショナリズム』（法政大学出版局、2009 年）、「〈帝国〉から地球人手当のある世界市場社会へ」藤田和子・松下冽編『新自由主義に揺れるグローバル・サウス』（ミネルヴァ書房、2012 年）、「人類史の流れを変える：グローバル・ベーシック・インカムと歴史的不正義」田中優子ほか編『そろそろ「社会運動」の話をしよう【改訂新版】』（明石書店、2019 年）など。単著『グローバル・ベーシック・インカム構想の射程―批判開発学 /SDGs との対話』（法律文化社、2021 年）、共編著『中東の新たな秩序』（ミネルヴァ書房、2016 年）、『日本の国際協力　中東·アフリカ編』（ミネルヴァ書房、2021 年）、監訳書『プレカリアート』（ガイ・スタンディング著、法律文化社、2016 年）。

グローバル・ベーシック・インカム入門
世界を変える「ひとりだち」と「ささえあい」の仕組み

二〇一六年一月八日　初版第一刷発行
二〇二二年五月二〇日　初版第二刷発行

著　者——クラウディア・ハーマン、ディルク・ハーマン、ヘルベルト・ヤウフ、ヒルマ・シンドンドラ＝モテ、ニコリ・ナットラス、イングリッド・ヴァン・ニーケルク、マイケル・サムソン
岡野内正
訳　者——岡野内正

発行者——大江道雅
発行所——株式会社 明石書店
一〇一－〇〇二一　東京都千代田区外神田六－九－五
電　話　〇三－五八一八－一一七一
ＦＡＸ　〇三－五八一八－一一七四
振　替　〇〇一〇〇－七－二四五〇五
https://www.akashi.co.jp
装　幀——明石書店デザイン室
印刷・製本——モリモト印刷 株式会社

（定価はカバーに表示してあります）
ISBN 978-4-7503-4291-7